150 Jahre
Kohlhammer

Psychotherapie kompakt

Herausgegeben von

Harald J. Freyberger
Rita Rosner
Ulrich Schweiger
Günter H. Seidler
Rolf-Dieter Stieglitz
Bernhard Strauß

Markos Maragkos

Gestalttherapie

Verlag W. Kohlhammer

Meiner Frau.
Meinen Eltern.
Meinen Lehrerinnen und Lehrern.
Meinen Wegbegleitern und Mitstreitern.

Dieses Werk einschließlich aller seiner Teile ist urheberrechtlich geschützt. Jede Verwendung außerhalb der engen Grenzen des Urheberrechts ist ohne Zustimmung des Verlags unzulässig und strafbar. Das gilt insbesondere für Vervielfältigungen, Übersetzungen, Mikroverfilmungen und für die Einspeicherung und Verarbeitung in elektronischen Systemen.

Die Wiedergabe von Warenbezeichnungen, Handelsnamen und sonstigen Kennzeichen in diesem Buch berechtigt nicht zu der Annahme, dass diese von jedermann frei benutzt werden dürfen. Vielmehr kann es sich auch dann um eingetragene Warenzeichen oder sonstige geschützte Kennzeichen handeln, wenn sie nicht eigens als solche gekennzeichnet sind.

1. Auflage 2017

Alle Rechte vorbehalten
© W. Kohlhammer GmbH, Stuttgart
Gesamtherstellung: W. Kohlhammer GmbH, Stuttgart

Print:
ISBN 978-3-17-028695-5

E-Book-Formate:
pdf: ISBN 978-3-17-028696-2
epub: ISBN 978-3-17-028697-9
mobi: ISBN 978-3-17-028698-6

Für den Inhalt abgedruckter oder verlinkter Websites ist ausschließlich der jeweilige Betreiber verantwortlich. Die W. Kohlhammer GmbH hat keinen Einfluss auf die verknüpften Seiten und übernimmt hierfür keinerlei Haftung.

Geleitwort zur Reihe

Die Psychotherapie hat sich in den letzten Jahrzehnten deutlich gewandelt: In den anerkannten Psychotherapieverfahren wurde das Spektrum an Behandlungsansätzen und -methoden extrem erweitert. Diese Methoden sind weitgehend auch empirisch abgesichert und evidenzbasiert. Dazu gibt es erkennbare Tendenzen der Integration von psychotherapeutischen Ansätzen, die sich manchmal ohnehin nicht immer eindeutig einem spezifischen Verfahren zuordnen lassen.

Konsequenz dieser Veränderungen ist, dass es kaum noch möglich ist, die Theorie eines psychotherapeutischen Verfahrens und deren Umsetzung in einem exklusiven Lehrbuch darzustellen. Vielmehr wird es auch den Bedürfnissen von Praktikern und Personen in Aus- und Weiterbildung daran gelegen sein, sich spezifisch und komprimiert Informationen über bestimmte Ansätze und Fragestellungen in der Psychotherapie zu informieren. Diesem Bedürfnis soll die Buchreihe »Psychotherapie kompakt« entgegenkommen.

Die von uns herausgegebene neue Buchreihe verfolgt den Anspruch, einen systematisch angelegten und gleichermaßen klinisch wie empirisch ausgerichteten Überblick über die manchmal kaum noch überschaubare Vielzahl aktueller psychotherapeutischer Techniken und Methoden zu geben. Die Reihe orientiert sich an den wissenschaftlich fundierten Verfahren, also der Psychodynamischen Psychotherapie, der Verhaltenstherapie, der Humanistischen und der Systemischen Therapie, wobei auch Methoden dargestellt werden, die weniger durch ihre empirische, sondern durch ihre klinische Evidenz Verbreitung gefunden haben. Die einzelnen Bände werden, soweit möglich, einer vorgegeben inneren Struktur folgen, die als zentrale Merkmale die Geschichte und Entwicklung des Ansatzes, die Verbindung zu anderen Methoden, die empirische und klinische

Evidenz, die Kernelemente von Diagnostik und Therapie sowie Fallbeispiele umfasst. Darüber hinaus möchten wir uns mit verfahrensübergreifenden Querschnittsthemen befassen, die u. a. Fragestellungen der Diagnostik, der verschiedenen Rahmenbedingungen, Settings, der Psychotherapieforschung und der Supervision enthält.

Harald J. Freyberger (Stralsund/Greifswald)
Rita Rosner (Eichstätt-Ingolstadt)
Ulrich Schweiger (Lübeck)
Günter H. Seidler (Dossenheim/Heidelberg)
Rolf-Dieter Stieglitz (Basel)
Bernhard Strauß (Jena)

Inhalt

Geleitwort zur Reihe................................ 5

Vorwort 9

1 Einleitung – Was ist Gestalttherapie?............. 15

2 Entstehung der Gestalttherapie 19
   2.1 Grundlagen und Einflüsse..................... 19
   2.2 Gründerfiguren............................... 31

3 Zentrale Begriffe und Kernkonzepte, therapietheoretische Grundlagen.. 45
   3.1 Figur-/Hintergrund-Konzept 45
   3.2 Gestalt und Gestaltbildungsprozess............ 48
   3.3 Awareness (Gewahrsein) und Awareness-Kontinuum.................................... 50
   3.4 Hier-und-Jetzt-Prinzip 51
   3.5 Organismische Selbstregulation, Selbstaktualisierung, Assimilation und Wachstum 52
   3.6 Selbst und Persönlichkeit.................... 53
   3.7 Kontakt, Kontaktfunktionen und Grenze......... 60
   3.8 Kontaktunterbrechungsmechanismen oder Kontaktstörungen 71
   3.9 Widerstand................................... 78
   3.10 Verantwortung............................... 80
   3.11 Topdog vs. Underdog......................... 82
   3.12 Was ist nun Gestalttherapie?................ 83

4	Kernelemente der Diagnostik	84
4.1	Diagnostik in der Gestalttherapie	85
4.2	Modelle einer gestalttherapeutischen Diagnostik	88
4.3	Gestalttherapeutische Diagnostik: Definition und Prozessmodell	89
4.4	Gesundheit und Krankheit	90
4.5	Gestalttherapeutisch-klassifikatorische Ansätze einer Diagnostik	92

5	Kernelemente der Therapie	98
5.1	Typischer Ablauf	100
5.2	Techniken der Gestalttherapie	105

6	Verwandtschaft mit anderen Verfahren	140

7	Settings und die therapeutische Beziehung	146

8	Wissenschaftliche Evidenz	151
8.1	Eine »besondere« Schwierigkeit für die Gestalttherapie	151
8.2	Wissenschaftliche Evidenz – Stand der Dinge	155

9	Schlusswort	158

10	Institutionelle Verankerung sowie Infos zu Aus-, Fort- und Weiterbildung	162

Literatur	164

Stichwortverzeichnis	175

Vorwort

Ein freundlich gemeinter Hinweis an den Leser[1]

Es erscheint vielleicht merkwürdig und unüblich, ein Buch mit einem Hinweis zu beginnen. Wenn es aber um Gestalttherapie geht, dann kann das sehr wohl nötig sein. Fritz Perls, deren Begründer, hat in die Psychotherapie und in die psychotherapeutische Situation zwischen Patient und Therapeut Begriffe eingebracht wie »Kontakt«, »Beziehung«, »Gewahrsein« usw. Für uns heutige Psychotherapeuten sind sie zu einem fachlichen Allgemeingut geworden, aber für die damalige Zeit, in der die klassische Psychoanalyse dominierend war, war das eine Revolution.

Welches Risiko, welches Wagnis ist Perls dabei eingegangen?! Er ist davon ausgegangen, dass ein Mensch, der Therapeut, der mit einem anderen Menschen, dem Patienten, arbeitet, überhaupt in der Lage ist, einen wirklichen Kontakt, eine wirkliche Begegnung, von Mensch zu Mensch (i. S. von Buber 1965; 1984) eingehen zu können. Es ist so einfach zu glauben, dass »man« das schon kann ... »Kontakt«, »Beziehung«, »Ich-Du-Dialog«, alles kein Problem! Genau genommen sagt die Gestalttherapie, dass genau das, diese scheinbar »einfache« Beziehung zu sich, der Welt und dem Lebendigen um sich herum nicht möglich ist, ohne eben den Prinzipien, die in der Gestalttherapie formuliert werden, zu folgen.

Lieber Leser, wenn Sie durch dieses Buch zu ersten Mal mit der Gestalttherapie »Kontakt« aufnehmen, dann seien Sie gewarnt: Sie werden darin Begriffe wiederfinden, deren Sinn und Bedeutung Ihnen vermeintlich bekannt vorkommen. Mit den erfahrenen Augen eines Psychotherapeuten

---

1 Aus Gründen der besseren Lesbarkeit wird im Text die männliche Form verwendet. Gemeint sind natürlich stets beide Geschlechter.

gelesen, ist die Gefahr dieses vermeintlichen »kenne ich schon« noch größer ...

Doch hier versteckt sich m. E. eine Falle. Nur weil wird durch die Psychologie und Psychotherapie in der Lage sind, Einfaches mit kompliziert klingenden Begriffen zu benennen, so heißt das noch lange nicht, dass man diese wirklich verinnerlicht hat. Um keine Missverständnisse aufkommen zu lassen: Ich selbst bin mir nach diesem Buch noch unsicherer ob meines Verständnisses geworden. Es gab Augenblicke und z. T. Phasen, wo ich glaubte, endlich etwas »wirklich« verstanden zu haben. Dann versuchte ich, frei nach Einstein, dem man die Aussage nachsagt: »Du hast nicht wirklich etwas verstanden, wenn du nicht in der Lage bist, es deiner Großmutter zu erzählen« mein Verständnis jemandem dar zu legen, schrieb für dieses Buch ein Beispiel oder dachte darüber nach und merkte währenddessen meinen Irrtum.

Ich bin mir nicht sicher, ob Perls sich selbst der Konsequenzen bewusst war, als er diese Begriffe beschrieb und ihr Verständnis der damaligen Zeit revolutionierte. »Kontakt«, »Beziehung«, »Gewahrsein« etc. muten so einfach an, wenn sie in einem Buch gelesen werden. Wenn sie aber im konkreten Kontakt mit einem Menschen, den wir in diesem Fall als »Patienten« bezeichnen, Anwendung finden sollen, dann ist der Unterschied immens.

Im Vorwort des Buches »Therapie der Gefühle – Forschungsbefunde zur Gestalttherapie« (Strümpfel 2006) geschrieben von Prof. Dr. Willi Butollo erscheint eine ähnliche Warnung: »Seid ihr ohne Beobachtung denn wirklich ständig und zu hundert Prozent auf die Belange eurer Klienten konzentriert? Ist es nicht eine Illusion über die Natur unserer Wahrnehmungen und unseres Denkens, diese volle und ungeteilte Aufmerksamkeit ständig einzufordern?« (ebd., S. 18). Ich finde, das ist eine sehr gute Frage!

An dieser Stelle möchte ich mich sehr herzlich bei den Herausgebern dieser Reihe bedanken, allen voran bei Frau *Prof. Dr. Rita Rosner*, der ich die Einladung verdanke, daran teilnehmen zu dürfen. Ebenso meinen herzlichen Dank an Herrn *Dr. Ruprecht Poensgen*, Frau *Anita Brutler* und den Kolleginnen und Kollegen des Kohlhammer Verlags für die stets freundliche und sehr professionelle Zusammenarbeit und Unterstützung. Einen besonderen Dank möchte ich Herrn *Christof Weber*, Gestalttherapeut (DVG), aussprechen! Er steuerte auf sehr freundliche und unkomplizierte Weise das abgebildete Foto bei. Sein Film[2] mit Wolf Lindner über Laura Perls ist mehr als sehenswert. Nicht zuletzt möchte ich Frau *M.Sc. Janina Stiebert* für die hervorragende Unterstützung bei der Recherche und für die stets anregenden Diskussionen bzgl. der verschiedenen gestalttherapeutischen Konzepte danken. Durch ihren kritischen Geist »zwang« sie mich, mein Verständnis zu hinterfragen.

Folgende Menschen haben mir die Gestalttherapie näher gebracht und dafür möchte ich ihnen an dieser Stelle meinen tiefsten Dank aussprechen: *Prof. em. Dr. Willi Butollo*. Prof. Butollo ist nicht nur mein Lehrer, mein langjähriger Chef, sondern auch mein Mentor gewesen. Ich bin sehr stolz darauf, zu den Menschen zu gehören, die noch einen Mentor haben durften. Mir scheint, dass ein Mentorat immer mehr zu einer Ausnahme geworden ist, gleichwohl ich den Eindruck habe, dass sich nicht wenige eine solche Beziehung zwischen Lehrer und Schüler wünschen. In der heutigen Zeit wird ein Mentor als jemand verstanden, der einem »Türen öffnen kann«. Das mag wichtig sein. Was einen wirklichen Mentor – und somit auch ihn – auszeichnet, ist in meinen Augen jedoch etwas anderes. Neben der kritischen Auseinandersetzung mit der Tiefe des Verständnisses, der Unterstützung und Ermahnung, dem Lob und dem Tadel gehört auch der Mut des Mentors, sich als »Modell« zur Verfügung zu stellen. An diesem sind Reibung und Wachstum möglich.

Dr. Gisela Röper. Frau Dr. Röper gehört zu den Psychotherapeutinnen, welche die Verhaltenstherapie von der Pike auf gelernt haben und sie von England nach Deutschland gebracht haben. Wenn auch in klassischer KVT ausgebildet, so schimmert in Ihrem therapeutischen Handeln in meinen Augen immer ein humanistisches Grundverständnis durch. In ihrer Art, den Studenten (einer von diesen war vor vielen Jahren ich selbst) Psychologie und Psychotherapie beizubringen, schwingt immer etwas

---

2 »An der Grenze – Lore Perls und die Gestalttherapie«. Ein Dokumentarfilm von Christof Weber und Wolf Lindner (http://www.dvg-gestalt.de/?q=publikationen/dokumentarfilm-%C3%BCber-das-leben-von-laura-perls; Zugriff am 30.01.2016).

Ruhiges und Freundliches mit. Stets bestrebt, die Grenzen des anderen zu wahren und sie nur dann zu tangieren, wenn es dessen Wachstum dient, ist sie in meinen Augen *die* Gestalttherapeutin unter den Verhaltenstherapeutinnen.

Dr. Thomas Maurer. Mit Herrn Dr. Maurer verbindet mich, schon seit ich als Student in seinen Seminaren saß, eine Nähe, die sonst nur unter wirklichen Freunden möglich ist, ohne jedoch, dass ich ihn im üblichen Sinne einen Freund nennen könnte. Was ihn auszeichnet, ist die unglaubliche Fähigkeit, präsent zu sein, ohne Raum einzunehmen. Vieles von dem, was ich heute »meine therapeutische Haltung« und »mein therapeutisches Werkzeug« nennen darf, ist Ergebnis eines Lernens, das für mich die »Haupt-Art« des Lernens ist, nämlich »Lernen durch Nachahmung«. Obwohl er derjenige war, der mir Vieles durch sein Vorleben beibrachte, versteht er es wie kaum ein anderer, mir heute einen Raum zu offerieren, in dem ich sein darf. Aber die Art, mit der er das tut, ist leicht als eine »bescheidene« zu missinterpretieren. Es ist keine Bescheidenheit; es ist viel mehr als das: er gibt, d. h., er bietet diesen Raum großzügig an. Und indem er das tut, ergibt sich – und das ist der Zauber – nicht nur für mich, sondern auch für ihn eine Öffnung. Erstaunlich leicht – oder?

Dr. Hanne Dirlich-Wilhelm. Im Rahmen meiner psychotherapeutischen Ausbildung habe ich Frau Dr. Dirlich-Wilhelm als meine Selbsterfahrungsleiterin kennengelernt und ich komme seitdem nicht mehr von ihr los. Was mich schon damals bei ihr beeindruckte, war ihr steter Versuch, »präsent« zu sein. Ich durfte lernen, dass das Aufrechterhalten von Kontakt ohne eine Anstrengung nicht möglich ist. Diese Anstrengung lohnt aber! Es gibt etwas an ihr, was stets wach ist, immer im Versuch, bereit zu sein, an dem teilzunehmen, was gerade passiert.

Das Gestalt-Gebet (engl.)

»I do my thing and you do your thing.
I am not in this world to live up to your expectations
And you are not in this world to live up to mine.
You are you, and I am I,
and if by chance we find each other, it's beautiful.
If not, it can't be helped.«

Perls 1969, o. S.;
s. a.: https://www.youtube.com/watch?v=QM0BwCFVxQ4
(Zugriff am 13.02.2016)

Das Gestalt-Gebet (dt.)

»Ich bin ich und du bist du.
Ich bin nicht auf dieser Welt, um deinen Erwartungen zu genügen.
Und du bist nicht auf dieser Welt, um meinen zu genügen.
Ich ist ich und du ist du.«

Perls 2013, S. 163

Kerngebote der Gestalttherapie

»Lebe jetzt. Kümmere dich um die Gegenwart statt um die Vergangenheit und die Zukunft. Vergangenheit und Zukunft, das sind Phantasien, Gedanken …

Lebe hier. Beschäftige dich mit dem Anwesenden statt mit dem Abwesenden. Es müssen viele ›unerledigte Geschäfte‹ aus der Vergangenheit erledigt, ›unfertige Gestalten‹ geschlossen werden, bis man im Hier und Jetzt leben kann.

Höre auf, dir etwas vorzustellen. Erfahre die Realität. Die Therapie besteht im Wesentlichen darin, dem Klienten zu helfen, zwischen seiner Phantasie und der Wirklichkeit zu unterscheiden.

Höre auf, unnötig zu denken. Besser: probier und schau. Experimentiere mit dir!

Drücke dich lieber aus, anstatt zu manipulieren, zu erklären, zu rechtfertigen und zu urteilen.

Lass dich auf Unerfreuliches und Schmerz ebenso ein wie auf Freude. Schränke deine Bewusstheit (awareness) nicht ein. Also: vermeide nichts!

Akzeptiere kein ›sollte‹ oder ›müsste‹ außer deinen eigenen. Bete keine Götzenbilder an.

Übernimm die volle Verantwortung für deine Handlungen, Gefühle, Gedanken.

Akzeptiere dich (und die anderen), wie du jetzt bist (wie sie jetzt sind).

Nur wenn wir die Unausweichlichkeit des jetzigen Zustandes akzeptieren, können wir neue Bewusstheiten akzeptieren, können wir neue Bewusstheiten entwickeln und neue Seinsweisen im nächsten Augenblick ausprobieren.«

(Kriz 2014, S. 212; s. a. Marcus 1979; Naranjo 1970)

1 Einleitung

Was ist Gestalttherapie?[3]

Sie sind mit Gestalttherapeuten beisammen und möchten sie in »Verlegenheit« (Fuhr 1999, S. 417) bringen oder gar einen Streit vom Zaun brechen? Nichts einfacher als das! Bringen Sie das Thema auf die Frage, was denn nun *genau* Gestalttherapie ist und wie sie definiert werden kann. Sie werden garantiert Erfolg damit haben!

Diese nicht ernst gemeinte Aufforderung lässt erahnen, dass es kaum eine befriedigende Antwort auf diese Frage gibt. Eine gewagte These sei vorangestellt: Gestalttherapie endgültig und ein für allemal definiert und verstanden zu haben, ist unmöglich. Dies würde bedeuten, man hätte ihr eine (endgültige) Form gegeben, sie und ihre Grenzen definiert, ihren Anfang und ihr Ende bestimmt. Damit hätte man sie jedoch gleich zu Grabe getragen, denn Gestalttherapie ist so ziemlich das Gegenteil.

Es ist sehr schwer zu beschreiben, was damit ausgedrückt werden soll; vielleicht können Metaphern helfen, die zugleich ein Gedanken- und Erfahrungsexperiment sein können: Kann man ein und für alle mal, also endgültig, einatmen? Kann man ein und für alle mal, also endgültig, ausatmen? Das ist nicht möglich, denn das Einatmen braucht, um existieren zu können (damit es »das Einatmen« gibt), ein Ausatmen, aber das Ausatmen braucht, wiederum für seine eigene Existenz (damit es »das Ausatmen« gibt), ein Einatmen. Das eine (Einatmen) kann es ohne das andere (Ausatmen) nicht geben und möchte man das Eine verstehen, so benötigt man dafür das andere. Beide zusammen, der Prozess ihres

---

3 Ein interessantes Interview zu dieser Frage mit Dr. Lotte Hartmann-Kottek findet sich unter: https://www.youtube.com/watch?v=vddb-nTm2SM (Zugriff am 14.02.2016).

Zusammenwirkens und das gegenseitige sich Bedingen, machen ein Verständnis erst möglich.

Es ist so, als würde man die Frage stellen: »Was war zuerst da? Der Tag oder die Nacht?« Beantwortet man die Frage mit »der Tag«, muss man auf die Nacht zurückgreifen; beantwortet man die Frage mit »die Nacht«, muss man auf den Tag zurückgreifen. Das eine ist ohne das andere nicht existent. Die Antwort kann auch nie vollständig und endgültig sein, ohne darauf hinzuweisen, dass sobald eine gegeben wird, ein weiterer Aspekt betrachtet werden muss und dann noch einer und noch einer. Diese Idee der Prozessualität und gegenseitigen Bedingtheit ist fest verwurzelt im menschlichen Dasein. So findet sie sich auch in einem der ältesten Epen der Menschen, der indischen Mahabharata. An einer bestimmten Stelle wird der durstige Yudhisthira vom Gott Dharma, getarnt als Teich, geprüft. Bevor er seinen Durst stillen kann, muss er mehrere Fragen beantworten. Eine davon lautet tatsächlich: »Was war zuerst da, der Tag oder die Nacht?« Yudhisthira antwortet: »Der Tag, aber er war der Nacht nur um einen Tag voraus.« Dharma war mit der Antwort zufrieden und er erlaubte Yudhisthira zu trinken ...

M. a. W. es handelt sich nicht um ein teleologisches, sondern um ein prozessuales Geschehen; es geht nicht um ein feststehendes Ergebnis, sondern um Kontinuität. Ohne die Betrachtung der Kontinuität (nach jedem Tag folgt eine Nacht und ihr wiederum ein Tag, dem eine Nacht folgt usw.) wäre die Antwort nicht vollständig. Gleichzeitig ist dieser Prozess – soweit wir das sagen können – ein unendlicher, denn es ist ein Streben in ihm verbogen, eine Abfolge von Ereignissen, die sich gegenseitig bedingen und sich zu ihrer gegenseitigen Aufrechterhaltung brauchen.

Gestalttherapie ist die Therapieform, die diese prozessuale Perspektive der Existenz zu ihrem Herzstück gemacht hat. Die Gestalttherapie als Prozess zu verstehen, setzt aber voraus, sich selbst als Prozess zu betrachten. Wer sich mit Hilfe dieses Buches ihr annähern möchte, dem sei der freundliche Rat gegeben, auf die Art und Weise zu achten, wir er sich selbst sieht und versteht. Für viele Menschen kann diese Frage irritierend bis sinnlos sein. »Ich bin, wie ich halt bin ...«, könnte eine Entgegnung sein. Die Gestalttherapie stellt aber – wie bereits angedeutet wurde – nicht die teleologische Frage nach dem *Was*, nach einem endgültigen, festen Zustand, sondern die Frage nach dem *Wie*, nämlich eben die Frage nach dem Prozess.

Eine weitere Metapher, die diesen Umstand näher beschreibt: Genauso wie man nie wirklich einen Fluss in derselben Stelle betreten kann, sucht die Gestalttherapie, anstatt nach festen und endgültigen Zuständen, nach dem »Wie bin ich jetzt?«. Einen Augenblick später stellt sich die gleiche Frage: »... und jetzt?«. Wieder einen Augenblick später noch mal: »... und jetzt?«. Es wird deutlich, dass es weniger um eine Frage geht, sondern um einen Frage-Zustand. Anstatt im Augenblick stecken zu bleiben (»ich habe Hunger«), lädt die Gestalttherapie dazu ein, sich im Augenblick als hungrig zu erleben und zu prüfen, was als nächstes angemessen ist. Sich selbst als einen Prozess, der immer nur ein Frage-Zustand sein kann, zu erleben und zu erfahren, der wiederum Teil eines größeren Prozesses ist, den wir »Leben« nennen, ist die nächst mögliche Annäherung – sowohl an sich als auch an die Gestalttherapie.

Hat die Psychoanalyse ihren Fokus auf die Bedingtheit durch das Unterbewusste gelegt, die Verhaltenstherapie auf die Bedingtheit durch die aktuell auslösenden und aufrechterhaltenden Bedingungen, so legte die Kognitive Therapie den ihrigen auf die Kognitionen, d. h. auf die Zuschreibung von Bewertungen und Bedeutungen. Die Körpertherapie betont ihrerseits den Körper als Empfindungsorgan und Stätte des Ausdrucks von psychischem Geschehen. Und die Gestalttherapie? Sie legt ihren Schwerpunkt auf das »Wie des Erlebens«, auf die Färbung, das Gefühl und die Emotion, aber immer die Kognition und den Körper im Blick bewahrend. Sie ist tatsächlich eine »Therapie der Gefühle« (s. a. Strümpfel 2006), aber m. E. eigentlich die integrativste Therapieform, die man sich vorstellen kann.

Eine von Perls zahlreichen »Definitionen« von Gestalttherapie lautet:

> »Gestalttherapie beruht auf der grundlegenden Theorie, dass Reifen ein kontinuierlicher Wachstumsprozess ist, in dem eine Umweltabhängigkeit (*environmental support*) in Selbständigkeit (*self-support*) verwandelt wird.« (Perls 1990, S. 178).[4]

---

4 Eine Zusammenstellung von Filmausschnitten, wo Perls selbst verschiedene Definitionen von Gestalttherapie gibt, findet sich unter: https://www.youtube.com/watch?v=T3jYcDbcpUs (Zugriff am 14.02.2016).

1 Einleitung

Dieses Kapitel hat dann seinen Zweck erfüllt, wenn Sie, lieber Leser, sich dabei ertappen, wie Sie kurz inne halten, um zu beschauen, wer Sie in diesem Moment sind!

2 Entstehung der Gestalttherapie

2.1 Grundlagen und Einflüsse

Die Gestalttherapie zählt als Verfahren zur humanistischen Psychologie und hat sich zu weiten Teilen aus der Psychoanalyse und der Abgrenzung zu ihr entwickelt. Ihre Entstehung ist eine »Vernetzung von Zeitgeist, Lebensgeschichten und zeitloser Thematik« (Hartmann-Kottek 2012, S. 222); insofern kann sie – dies gilt natürlich für jede andere Therapieschule auch – in ihrem Wesen erst dann verstanden werden, wenn Feld und Hintergrund ihrer Entstehungszeit berücksichtigt werden.

Ihre Gründerfiguren wurden im Zwischenstadium des ausgehenden 19. und beginnenden 20. Jahrhunderts geboren, einer Zeit starker Umbrüche in politisch-gesellschaftlichen, wissenschaftlichen und philosophischen Bereichen, die im 1. Weltkrieg einen schrecklichen Höhepunkt fand. Wirft man einen genaueren Blick auf die Entwicklungsgeschichte der Gestalttherapie, zeigt sich, dass nicht nur Fritz Perls ihr Begründer war. Sie kann mehrere Väter wie auch Mütter ihr eigen nennen.

Abbildung 2.1 fasst die Einflüsse zusammen, ohne dass Anspruch auf Vollständigkeit erhoben werden soll. Einen sehr guten und tiefergehenden Überblick über die Geschichte der Gestalttherapie im Allgemeinen und ihre gestalttheoretischen Hintergründe im Besonderen findet der interessierte Leser bei Nausner (2004), Schmidt-Lellek (2004), Soff et al. (2004) sowie Rumpler (2004).

2 Entstehung der Gestalttherapie

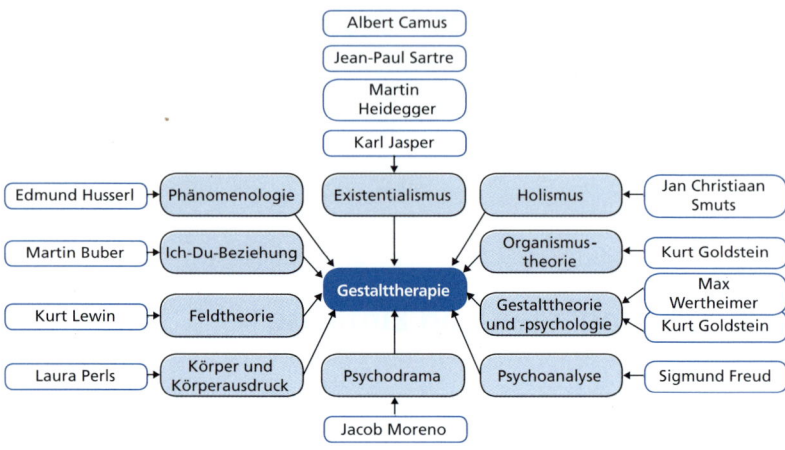

Abb. 2.1: Die Wurzeln der Gestalttherapie

Psychoanalyse

Sowohl Fritz als auch Lore Perls waren ausgebildete Psychoanalytiker. Dieser Einfluss findet sich sehr deutlich in der der Gestalttherapie zugrunde liegenden Psychodynamik wieder und ordnet sie als Therapieverfahren den psychodynamischen psychotherapeutischen Zugängen zum Menschen zu. Perls verwendete sogar für die von ihm entwickelte Art der Therapie noch längere Zeit die Bezeichnung »Psychoanalyse« und änderte diese erst später in seiner ersten Publikation (»Ego, Hunger and Aggression«, Perls 1946) in »concentration therapy«. Unter den Begründern wurde auch die Bezeichnung »Existenzialistische Therapie« diskutiert. Letztendlich nahm man jedoch Abstand davon, legte sich doch die ungewollte Assoziation zu den damaligen nihilistischen Ausprägungen des Existentialismus, die in jenen Jahren verbreitet waren, nahe (s. a. Doubrawa und Doubrawa 2005). Schließlich entschied sich Perls für die Bezeichnung »Gestalttherapie«.

Gestalttheorie und -psychologie

Fritz und Lore Perls waren beide von der Gestaltpsychologie sehr stark beeinflusst. Diese zu Beginn des 20. Jahrhunderts neu aufkommende

Richtung der Psychologie hatte den Kerngedanken, dass der Mensch durch seine Wahrnehmung die Umwelt nicht einfach passiv in sich abbildet und so zum Teil seines Bewusstseins macht, sondern aktiv strukturiert (s. a. Metzger 1963, 1976). Das Wahrgenommene ist somit eine vom Wahrnehmenden selbst aktiv konstruierte Entität. Das tatsächliche Objekt und dessen subjektive Abbildung im Wahrnehmenden sind nicht identisch; es geschieht ein Transformationsprozess. Die Gestaltpsychologie beschäftigte sich mit diesem Gestaltbildungsprozess: Wie wird aus Wahrnehmung eine Gestalt? Die Gestalttheorie ist als erstes ein »Ansatz zum Verständnis von Ordnung, die uns am seelischen Geschehen und damit zugleich am Verhalten von Menschen und Tieren auffällt« (Metzger 2007, S. 1).

Ein häufiges Missverständnis ist, dass die Gestalttherapie die Anwendung der Gestaltpsychologie ist. Anders als für die Beziehung zwischen Verhaltenstherapie und Lerntheorie, wo dies durchaus zutrifft (s. a. Kriz 2014), ist dies für die Gestalttherapie nicht der Fall. Die Gesetze der Gestaltpsychologie dienten Perls mehr oder minder als Metapher und Analogie, denn als eineindeutige Vorlage seiner Therapieform (ebd.).

Organismustheorie Kurt Goldsteins

Kurt Goldstein (1878–1965) war ab 1918 Ordinarius für Neurologie in Frankfurt und behandelte u. a. Soldaten des 1. Weltkrieges, die unter einer einsatzbedingten Hirnschädigung litten. Er gilt als Vater der Neuropsychologie. Lore Posner wird seine Seminare besuchen und hauptsächlich dafür verantwortlich sein, dass seine Organismustheorie Eingang in die Gestalttherapie findet. Fritz Perls wird zwischen 1926 und 1927 sein Assistent.

Goldstein vertrat – ganz im Gegensatz zur damals vorherrschenden Auffassung – kein atomistisches, sondern ein ganzheitliches Konzept des Gehirns sowie des Aufbaus und der Funktion des menschlichen Organismus als Ganzes und ermöglichte damit eine völlig neue Sicht auf die menschliche Psyche. Bezeichnend für seine Haltung ist folgendes Zitat aus seinem Hauptwerk »Der Aufbau des Organismus« (Goldstein 2014, S. 7): »Für uns ist ja ein einzelnes Organ nicht ein System mit besonderen

> **Exkurs: Über den Begriff »Gestalt«**
>
> Der Begriff »Gestalt« ist nicht nur ein sehr schwieriger, sondern auch ein sehr seltener, findet er sich doch wohl nur in der deutschen Sprache (s. a. Staemmler 2009). Der Begriff »Ganzheit« kommt ihm sehr nahe. Staemmler setzt ihn in seinem kulturhistorischen Hintergrund, vor dem er einen Ausdruck einer Art Gegenbewegung zum atomistisch-mechanistischen Menschenbild der damaligen Zeit des Übergangs vom 19. ins 20. Jahrhundert darstellt. In dieser Hinsicht steht er in Verbindung mit dem Gedankengut Goethes, den Staemmler wie folgt zitiert: »In jedem lebendigen Wesen sind das, was wir Teile nennen, dergestalt unzertrennlich vom Ganzen, dass sie nur in und mit denselben begriffen werden können« (ebd., S. 59). Anders als die Atomisten und Mechanisten und ihre Annahme, man müsse die Welt in ihre Atome zergliedern, um sie zu verstehen (diese Art des Denkens schlug sich in der Assoziationspsychologie nieder), betrachteten Goethe und im Gefolge die Gestaltpsychologie die Ganzheit (die Gestalt) und sprachen ihr Eigenschaften zu, die sich nicht allein durch die Eigenschaften ihrer sie konstituierenden Elemente erklären ließen – so genannte »Gestaltqualitäten« (vgl. auch von Ehrenfels 1890; Henle 2005).
>
> Gestalten sind somit strukturierte Ganzheiten und heben sich von ihrer Umgebung ab (s. a. Staemmler 2009). Sie verfügen über Qualitäten, die sich nicht einfach aus ihren Elementen ableiten lassen. Sie bestehen aus Beziehungen und durch sie werden Beziehungen ausgedrückt, nämlich die ihrer jeweiligen Teile. Eine Gestalt ist somit »die Gesamtbeziehung der Beziehungen« (Erismann 1960, S. 132; s. a. Staemmler 2009).
>
> Die Gestaltqualitäten zeigen, in welcher Beziehung die einzelnen Gestaltelemente zueinander stehen. Verändert sich ein Element der Gestalt, verändert sich auch die Gestalt selbst und ihre Gestaltqualität. Auf der anderen Seite ist es jedoch auch so, dass die Gesamtheit jedem einzelnen Teil seine Bedeutung gibt. Ohne den Kontext (das Ganze, die Gesamtheit, die Gestalt) zu berücksichtigen, kann die Bedeutung eines Elementes nicht verstanden werden.

Ein Beispiel soll das illustrieren: Stellen Sie sich vor, zwei Freunde treffen sich zufällig auf der Straße und einer fragt den anderen mechanisch: »Wie geht's?«. Dieser antwortet auch mechanisch mit »Gut. Danke!« Ist diese Interaktion inhaltlich zu verstehen, ohne sie in einen Kontext einzubetten? Nein, denn es kann mehrere solcher Kontexte geben, bspw.:

- Es sind zwei Freunde, die einen heftigen Streit hatten, sich seitdem nicht mehr gesehen haben und sich nun wieder zum ersten Mal begegnen.
- Der Gefragte hat sich gerade – nach langem Hin und Her, worunter er sehr gelitten hat – von seiner Frau getrennt.
- Die Frau des Gefragten hat sich von ihm getrennt, er nimmt aber diese Trennung nicht ernst und ist sich sicher, sie kommt wieder zurück.
- Der Gefragte hat gerade im Lotto einen hohen Geldbetrag gewonnen, möchte das aber für sich behalten, weil er vermutet, der Fragende würde sich sonst sofort Geld von ihm leihen wollen.

Je nach Kontext bekommt also diese kurze Interaktion eine völlig neue Bedeutung. Ist der Kontext nicht bekannt, kann auch nicht die richtige Bedeutung erkannt werden und die Interaktion erhält nicht ihren tatsächlichen Sinn. Zusammengefasst: »... das größere Ganze ist Träger von Sinn.« (Staemmler 2009, S. 64).

Funktionen, sondern nur ein künstlich aus dem Ganzen des Organismus herausgehobener Teil, an dem wir die Leistungen des Organismus studieren.« Entsprechend betrachtete Goldstein bei seinen Patienten niemals nur deren Symptome und Beschwerden, sondern bettete diese in die Gesamtheit des Organismus und diesen in seine Umwelt ein.

Seine Theorie postuliert, dass im Organismus selbst eine eine Kraft zu finden ist, die ihn zu seiner eigenen Entwicklung antreibt. Vordringliches Ziel der Gestalttherapie ist es, die Blockierungen dieser Tendenz zu identifizieren, sie aufzulösen und somit den Fluss dieser organismischen

Selbstregulation wieder in Gang zu setzen, was einer Gesundung des Patienten gleichkommt. Umgekehrt wird Krankheit als ein Stocken (im Extremfall: eine Unterbrechung) dieser organismischen Selbstregulation verstanden.

Holismus

Jan Christiaan Smuts (1870–1950), Philosoph, Politiker und zeitweilig Premier- und Justizminister in Südafrika, gilt als der Vater des Holismus. Perls lernte dieses Konzept vergleichsweise früh in seinem beruflichen Leben – während er noch Assistent bei Kurt Goldstein war – kennen und zwar durch die Lektüre seines Hauptwerkes »Holism and Evolution« (Smuts 1926).

Smuts ging davon aus, dass alle sozialen und naturgegebenen Lebensräume miteinander verschränkt sind. Dies gelte nicht nur für die äußere, sondern auch für die innere Welt des Menschen. Organismen haben somit eine selbstregulierende, selbstorganisatorische Fähigkeit, die als »Weisheit des Organismus« (Hartmann-Kottek 2012, S. 229) bezeichnet wird.

Diese »Weisheit des Organismus« findet sich auch in der respektvollen und machtgebenden Haltung des Therapeuten gegenüber seinem Patienten wider. Letzterer »weiß« im Grunde, was er für sich und seine Genesung braucht und dies besser als sein Therapeut. Dieser wiederum hat lediglich die Aufgabe, ihm dabei zu helfen, die Hindernisse zu beseitigen und/oder zu integrieren, die den Zugang zu diesem Wissen verhindern.

Der Holismus ist eng verwandt mit der Organismustheorie von Kurt Goldstein. Beiden ist gemein, dass sie sich dem »Primat der Ganzheit« (s. a. Nausner 2004, S. 38) verpflichtet fühlen.

Existentialismus

Die philosophische Richtung des Existentialismus geht davon aus, dass die Welt keinen angeborenen Sinn hat. Die Fragen der menschlichen Existenz werden in den Mittelpunkt gestellt. Es geht nicht um das Sein, sondern allein um die Existenz, vielleicht noch um Handlungsmaximen des Lebens des Individuums, aber immer um das Subjektive, Individuelle und Persönliche im Menschen. Søren Kierkegaard (1813–1855) gilt als Vater dieser philosophischen Schule und Jean-Paul Sartre (1905–1980), der dem Leben die Essenz absprach und es als sinnlos betrachtete, sowie Martin Heidegger (1889–1976; ein Schüler Husserls), Karl Jaspers (1883–1969), Albert Camus (1913–1960) und Maurice Merleau-Ponty (1908–1961) als einige ihrer wichtigsten Vertreter.[5]

Auch hier schimmert bereits der Begriff der »Verantwortung« für die eigene Existenz durch (s. o.). Diese Verantwortung für die eigene Existenz umfasst natürlich auch die Verantwortung für das eigene Denken, Fühlen, Empfinden und damit nicht zuletzt für die eigenen psychischen Symptome. Diese Haltung hat der Gestalttherapie z. T. Kritik eingebracht, denn man kann »Verantwortung« mit »Schuld« falsch übersetzen oder gleichsetzen. Es geht jedoch nicht darum, dass der Patient »Schuld« an seiner Symptomatik hat, sondern darum, ihn zu animieren, die Verantwortung dafür zu übernehmen, auch wenn er nichts dafür kann, mit Bedingungen konfrontiert worden zu sein, die ursächlich für diese Symptomatik sind.

Phänomenologie

Die phänomenologische Methode kann als Gegenstück der älteren und später als ungültig erachteten Introspektionsmethode verstanden werden. Die Phänomenologie bezieht sich nicht nur auf innere Erlebnisse wie die Introspektion, sondern auf die Welt, wie sie vom Individuum vorgefunden und Bestandteil des Seelischen wird (s. a. Soff et al. 2004). Der Grundgedanke der von Edmund Husserl (1859–1938) begründeten Phänome-

---

5 Bei genauerer Betrachtung erweist sich diese Zuordnung von Namen zu Richtungen nicht eindeutig. So verstand sich bspw. Karl Jaspers als Vertreter der Existenzphilosophie, die er strikt vom Existentialismus unterschied. Dieser wiederum kann als französische »Variante« der Existenzphilosophie verstanden werden. Maurice Merleau-Ponty, um ein letztes Beispiel zu nennen, wird oft den Existentialisten zugeordnet, obwohl er der Phänomenologie näher stand. Da es hier um die philosophischen Wurzeln der Gestalttherapie geht, soll diese Ungenauigkeit nicht sehr stark ins Gewicht fallen.

nologie besteht darin, die Dinge in der Welt als Erscheinungen (Phänomene; aus dem griechischen Wort *phainómenon*, das Erscheinende; das, was eine Erscheinung angenommen hat; das, was ist) zu betrachten. Anstatt also die Frage nach den »wirklichen Dingen« zu stellen, setzte Husserl den Fokus auf den Wahrnehmenden und das, was er wahrnimmt. Entsprechend fragt die Phänomenologie nicht »Was ist der Mensch?«, sondern »Wie ist es, Mensch zu sein?«.

In der Gestalttherapie findet diese Grundhaltung in der Frage des »Wie« ihren Niederschlag: Wie nimmt der Patient einen bestimmten Ausschnitt der Welt wahr? Wie nimmt er sich wahr, wenn er über einen bestimmten Aspekt oder ein bestimmtes Erlebnis seiner Biographie spricht? Wie ist es für ihn, wenn der Therapeut eine bestimmte Frage stellt oder eine bestimmte Reaktion zeigt oder nicht zeigt?

Die phänomenologische Grundhaltung rückt das individuelle Erleben, die individuelle Abbildung der Welt im Menschen in den Vordergrund, um dadurch kennen zu lernen, wie der Mensch die Welt wahrnimmt, welche Aspekte davon ihm ins Auge fallen und welche nicht.

Man kann sich im übrigen darüber streiten, ob die phänomenologische Methode tatsächlich ohne Bewertung auskommt, denn allein der Umstand, dass ich die Welt auf eine bestimmte Weise wahrnehme, setzt voraus, dass dieses Etwas, was ich wahrnehme, von mir vorher bewertet wurde, dass es wert war, überhaupt wahrgenommen zu werden – dies kann auch ohne eigene Absicht geschehen.

Es mag sich aus dem Gesagten langsam herauskristallisieren, dass hier der Aspekt der »Verantwortung«, dem die Gestalttherapie so viel Bedeutung beimisst, eine große Rolle spielt: Die Verantwortung dafür zu übernehmen, dass ich aus der unendlichen Anzahl von Erscheinungen, die ich wahrzunehmen überhaupt in der Lage bin, ausgerechnet die wahrnehme, die ich wahrnehme. Die Verantwortung dafür zu übernehmen, dass mir das auffällt, was mir auffällt.

Ich-Du-Beziehung (Dialogische Haltung)

Lore und Fritz Perls besuchten (s. u.) die Vorlesungen des Existenz-, Sozial- und Religionsphilosophen Martin Buber (1878–1965; s. a. Buber 1984;

Friedman 1987; Hycner 1989) und waren zeitlebens von ihm und besonders von seiner Haltung fasziniert. Die dialogische Art der Kommunikation, die Buber vertrat, versuchte zwischen einer es-haften und einer du-haften Beziehung in der Begegnung zwischen Menschen zu unterscheiden. In ihrer es-haften Form nimmt ein Ich mit einem objekthaften Es Kontakt auf. Es gibt ein Gefälle, eine bestimmte Richtung der Bewertung und eine Ungleichheit. Gehandelt wird »aus ontologischer Getrenntheit heraus vertikal, ziel- und zweckgerichtet« (Votsmeier 1998)[6]. Die du-hafte Form hingegen zeichnet sich durch einen respektvollen, gleichwertigen Kontakt zwischen einem Ich und einem Du, einem ebenbürtigen Gegenüber, aus. Gehandelt wird »aus ontologischer Bezogenheit heraus« (ebd.) Der eine Mensch wendet sich dem anderen in horizontaler Weise hin und schätzt ihn in seiner Einzigartigkeit, »ohne einen Zweck zu verfolgen« (ebd.). Diese zwei Haltungen sind jedoch nicht getrennt als ein Entweder-oder zu verstehen. Vielmehr handelt es sich um ein Oszillieren, um ein Hin- und Herschwingen zwischen diesen beiden Polen. Sie stehen in einem Figur-Hintergrund-Verhältnis und werden den Gegebenheiten und Forderungen der Situation entsprechend gewählt (ebd.; s. a. Votsmeier-Röhr 2006; ▶ Kap. 3.1).

Eine dialogische Haltung kann der Therapeut in dem Sinne nicht aktiv und absichtlich herstellen. Geschieht dies, so kann sie per definitionem keine dialogische Haltung sein. Einfach von selbst kann sie sich jedoch auch nicht einstellen und wenn doch, dann ist sie ein »Geschenk«. Wie also zu einer dialogischen Haltung gelangen? Die Frage ist schwer zu beantworten, aber vielleicht können ihre Merkmale eine erste Annäherung ermöglichen. Nach Votsmeier (1998) ist sie gekennzeichnet durch: Präsenz, Umfassung, Bestätigung und das Hüten des Dialogischen im Dienste des »Zwischen«:

> »*Präsenz* bedeutet, sich aufrichtig in die Interaktion mit dem Gegenüber einzubringen, mit dem Ziel, dem/der anderen so gegenwärtig wie möglich zu werden und gleichzeitig die eigene Perspektive zu bewahren. Präsenz beinhaltet, sich emotional berühren zu lassen und das persönliche Erleben ggfs. in den Dialog mit einzubringen.« (Votsmeier 1998, S. 27 f).

> »*Umfassung* bedeutet, das Geschehen in der Therapie so gut es geht von der Seite des Gegenübers wie von sich aus zu erleben, dort und hier zur selben Zeit sein

---

6 http://www.gestaltpsychotherapie.de/dialog.htm (Zugriff am 13.02.2016).

zu können, die phänomenologische Realität des/der anderen zu erleben und gleichzeitig die eigene Zentriertheit zu bewahren. Im Unterschied zur reinen Empathie ist der Fokus nicht das Gegenüber, sondern die Teilhabe an der Situation, die beide Seiten umfasst.« (Votsmeier 1998, S. 28).

»*Bestätigung* bedeutet ..., die andere Person in ihrer Existenz als eigenständiges Wesen zu akzeptieren und darin anzuerkennen, so wie sie im Moment ist, was jedoch nicht hinreichend für ihre Bestätigung ist. Diese beinhaltet nämlich ebenso die Bekräftigung der Möglichkeiten, die in ihr als Person vorhanden sind, einschließlich des Anerkennens der verleugneten, abgespaltenen Anteile, die ihr nicht bewusst sind, sie aber ebenfalls ausmachen. Dies kann bedeuten, genaues Feedback zu geben oder etwas zu konfrontieren, was der Selbstwahrnehmung entgeht. Es kann auch bedeuten, eine existentielle ›Forderung‹ zu stellen und darum mit der Person zu ›ringen‹ ...« (Votsmeier 1998, S. 28).

»Das *Hüten des ›Zwischen‹* bedeutet, sich als Therapeut/in für den therapeutischen Dialog verantwortlich zu fühlen und die Offenheit dafür zu bewahren, was aus dem Bereich des »Zwischen« entsteht. Es beinhaltet, immer wieder eine Haltung kreativer Indifferenz, einen mittleren Modus zwischen Aktivsein und Passivsein einzunehmen, geprägt von Interesse, Neugier und Staunen sowie der Bereitschaft, sich immer wieder von Unerwartetem überraschen zu lassen.« (Votsmeier 1998, S. 28).

Besonders die Gestalttherapeuten der ersten Generation nach Perls integrierten diese dialogische Haltung und stellten sie an prominenter Stelle innerhalb der Therapietheorie im Allgemeinen und in Bezug auf die therapeutische Beziehungsgestaltung im Besonderen. Wenn die Therapiebeziehung das stärkste Wirkagens in der Psychotherapie ist, dann tatsächlich auf diese dialogische Haltung fußend. Entsprechend wurde von ihren Vertretern (u. a. Yontef 1983, 1999) von der »Dialogischen Gestalttherapie« (auch »Relationale Gestalttherapie«) gesprochen.

Feldtheorie

Der Begriff des Feldes entstammt ursprünglich der Physik. Einstein selbst gab eine Definition und zwar sprach er von »einer Gesamtheit gleichzeitig bestehender Tatsachen, die als gegenseitig voneinander abhängig begriffen werden« (zit. n. Lewin 1963, S. 273).

Wolfgang Köhler (1887–1967) war der erste Psychologe, der im Rahmen der Gestalttheorie die Feldtheorie in die Psychologie holte und vom

Feld und seinen psychophysischen Wirkungen sprach (Soff et al. 2004). Die Feldtheorie von Kurt Tsadek Lewin (1890–1947) ist insofern ein Spezialfall einer psychologischen Feldtheorie zu verstehen, als dass sie »ihren Schwerpunkt ganz auf die Untersuchung der psychologischen Seite legt« (ebd., S. 22).

Lewins Feldtheorie kann als wesentliches Element des theoretischen Hintergrunds der Gestalttherapie bezeichnet werden (»Psychologie muss den Lebensraum, der die Person und ihre Umwelt einschließt, als ein Feld betrachten«; Lewin 1963, S. 273), denn die Gestalttheorie ist ihrem Wesen, ihrer Natur nach eine Feldtheorie (s. a. Walter 1994; Soff et al. 2004). Ihre Grundgedanken werden von ihm in prägnanter Weise zusammengefasst (Lewin 1940, S. 65 f):

> »… das Verhalten muss aus einer Gesamtheit der zugleich gegebenen Tatsachen abgeleitet werden; diese zugleich gegebenen Tatsachen sind insofern als ein »dynamisches Feld« aufzufassen, als der Zustand jedes Teils dieses Feldes von jedem anderen Teil abhängt …«.

Demnach wird menschliches Verhalten als Funktion von Person und Umwelt verstanden: $V = f(P,U)$; Person und Umwelt sind in dieser Formel wechselseitig abhängige Größen (Lewin 1940). »Kein Organismus ist so autark, dass er allein aus sich heraus existieren, geschweige denn wachsen könnte. Leben und Wachstum finden daher grundsätzlich in Auseinandersetzung mit der Umwelt statt.« (Kriz 2014, S. 213). Wie im Kapitel 3.2 über Gestalt noch beschrieben wird, kann Lewins Konzeptualisierung des Feldes als eine nicht-summative Ganzheit mit dynamischen Eigenschaften verstanden werden (s. a. Soff et al. 2004).

Perls gab der Feldtheorie in der Gestalttherapie eine tragende Funktion. Er bezog sogar grundlegende psychologische Konzepte wie Sympathie, Empathie und Apathie auf die Feldtheorie und verstand Sympathie als sich »von der Feldsituation in ihrer Gesamtheit einbeziehen lassen« (Perls 1990, S. 130 f), Empathie als »heraushalten und den Patienten wie durch ein Mikroskop betrachten« (ebd.) und Apathie als »ich interessiere mich nicht …« (ebd.). Wird innerhalb eines Feldes die Aufmerksamkeit auf dessen Komponenten, deren Wechselwirkungen und die »eventuell bestehenden Barrieren zwischen den verschiedenen Kräftekonstellationen« (Soff et al. 2004, S. 24) gerichtet, spricht man von einer Kraftfeldanalyse.

Körper- und Körperausdruck

In der Betonung der Körperarbeit im Rahmen der Gestalttherapie zeigt sich der Einfluss von Lore Perls sehr deutlich. Wie im entsprechenden Abschnitt in Kapitel 2.2 noch ausgeführt wird, war sie schon als Kind von Kunst fasziniert, insbesondere vom Bewegungs- und Tanzunterricht, den sie ab 1913 besuchte. Damals lernte sie die rhythmische Gymnastik von Èmile Jaques-Dalcroze (1865–1950) kennen. »Nachhaltig beeindruckt hat sie dort ein Lehrer, der ihr die Botschaft mitgibt, niemanden zu imitieren in den Bewegungen, sondern stattdessen zu fühlen, wie sich der eigene Körper bewegen will.« (Abram 2013, S. 14; s. a. Doubrawa und Doubrawa 2005).

Es verwundert nicht, dass dadurch der Körper und die Arbeit mit ihm einen zentralen Stellenwert in der Gestalttherapie eingenommen haben. Anders als in der Psychoanalyse und ihrer von außen statischen Konstellation mit einem äußerlich regungslosen Therapeuten und einem ebenso äußerlich regungslosen Patienten gestaltete Lore die Therapiesitzungen in dem Sinne lebendig, als dass sie dem Patienten die Möglichkeit offerierte, sich körperlich auszudrücken und dieser Ausdruck wurde explizit zum Gegenstand der therapeutischen Arbeit. Manchmal etwas »gröber« mit Gesten, Haltungen, Bewegungen, manchmal etwas »feiner«, wenn es um die Mikro-Mimik und -Gestik der Patienten ging, die ihr verbales Ausdrucksverhalten begleiteten.

Psychodrama

Das von Jacob Levy Moreno (1890–1974) begründete Psychodrama gehört ebenfalls zu den geistigen Wurzeln der Gestalttherapie. Als Verfahren hat es zum Ziel, den Patienten (»Protagonisten«) dabei zu unterstützen, sein inneres Erleben (seine »Psyche«) in eine handelnde Darstellung (»Drama«) zu inszenieren (s. a. von Ameln und Kramer 2014), um die »Wahrheit der Seele durch Handeln« zu ergründen (Moreno 1959, S. 77). Ursprünglich für ein Gruppensetting konzipiert (die erste Form der Gruppentherapie), hat der Protagonist die Möglichkeit, sein Thema mit Hilfe eines bestimmten Arrangements auf der Bühne darzustellen und es dort, mit Unterstützung der anderen Gruppenteilnehmer, »durchzuspielen«. Perls selbst war häufiger Teilnehmer der Workshops von Moreno in Beacon Hill und hat die Techniken, die er dort gelernt hat, als inszenierende und darstellerische Interventionen in seine Gestalttherapie integriert.

2.2 Gründerfiguren

»Fritz war ein hoffnungsloser Zyniker.«[7]

Frederick S. Perls

Frederick (Friedrich, »Fritz«) Salomon Perls wurde 1893 als drittes Kind und einziger Sohn einer jüdischen Kaufmannsfamilie in Berlin geboren. Seine Kindheit ist schwierig. Zu den Großeltern mütterlicherseits, die schon bald sterben, hat er eine sehr warme Beziehung, gekennzeichnet durch das Gefühl, angenommen und akzeptiert zu sein. Seine künstlerische Begabung wird von seiner Mutter gefördert, die selbst eine große Liebe zur Kunst hat. Der Vater hingegen ist ein gewalttätiger Mensch, die Ehe steht entsprechend unter einer großen Spannung. Beim jungen Fritz macht sich das bemerkbar: Er kanalisiert die häusliche Atmosphäre in z. T. aggressive Streiche, die in seinem 13. Lebensjahr in einen Verweis vom Gymnasium münden.

Im Deutschen Theater lernt Perls Max Reinhardt kennen, übernimmt kleine Nebenrollen, um sich ein Zubrot zu verdienen, aber auch um temporär aus seinem eigenen Leben auszusteigen; eine Erfahrung, die für ihn damals eine Ressource ist und später Teil seines therapeutischen

---

7 Lore über Fritz Perls in einem Interview aus dem Jahre 1972 (Doubrawa und Doubrawa 2003, S. 49).

Repertoires. Er verliebt sich in das Theater und aus Max Reinhardt wird sein erster Lehrer. Künstler- und Intellektuellenkreise werden zeitlebens der Ort sein, wo er sich gerne aufhält und sich beheimatet fühlt.

Sein Studium der Medizin muss er bei Ausbruch des ersten Weltkrieges unterbrechen; er nimmt als Helfer (Rotes Kreuz) daran teil und macht traumatisierende Erfahrungen, die ihn prägen werden. Seine Promotion schließt er 1921 ab; Fritz Perls ist nun Neuropsychiater.

Ein Jahr später wird er einen weiteren Menschen kennen lernen, der in ihm ebenfalls einen sehr prägenden Eindruck hinterlassen und seine eigene Therapieform stark beeinflussen wird: Salomon Friedlaender. Der Philosoph und Neokantianer, widmet sich dem Thema »Überwindung der Gegensätze«. Prominentestes Element seiner Theorie ist die Beschreibung eines Punktes, der durch eine besondere Ausgeglichenheit gekennzeichnet ist, ein Punkt, wo sich noch keine Trennung in etwas vollzogen hat. Diesen nennt er »schöpferische Indifferenz« und sieht es fortan als die menschliche Lebensaufgabe schlechthin an, diesen Punkt in sich zu finden. Perls wird von diesem Gedankengut äußerst stark angezogen, ist er doch selbst ein Mensch, der seine Mitte – zumindest damals – nicht gefunden hat. Friedlaender wird als Mensch von ihm zeitlebens verehrt (s. a. Frambach und Thiel 2015).

Perls, der sich mit den Werken von Freud bereits auseinandergesetzt hat, beginnt im Jahre 1925 seine psychoanalytische Ausbildung. Seine erste Lehrerin wird Karen Horney sein. Später folgen Clara Happel (1926), eine Schülerin von Horney, Wilhelm Reich (1928) und einige andere (s. a. Kriz 2014), unter denen auch Eugen Harnick ist, der nicht nur zwanghaft war und später paranoid wurde, sondern sich auch gegen die Hochzeit mit seiner späteren Frau Lore aussprach. Seiner Ansicht nach würde Fritz ihre Karriere (u. a. ihre Promotion bei Adhémar Gelb) durchkreuzen; später wird sich Harnick dafür entschuldigen (Doubrawa und Doubrawa 2005; s. a. Doubrawa und Doubrawa 2003). Die Arbeit mit Wilhelm Reich wird für Perls spätere Gestalttherapie hingegen sehr wichtig, denn von ihm kommen die körpertherapeutische Elemente, welche »von Anfang an ein selbstverständlicher Bestandteil der Methode« (Hartmann-Kottek 2012, S. 226) sind.

Bei Horney findet er viel Empathie und Verständnis. Ihre Art zu arbeiten und ihre Kritik an der klassischen Psychoanalyse, die von anderen, wie bspw. Harald Schultz-Hencke, geteilt wird (sie entwickeln später die so genannte »Neo-Psychoanalyse«) werden ihn als Menschen und Therapeuten prägen; besonders die durch die Primate des »Hier-und-Jetzt« und der »Beziehungsorientierung« (die Therapie findet im Sitzen statt) gekennzeichnete Arbeit wird sich in der Gestalttherapie später in prominenter Position wiederfinden.

Ab 1926 wird Fritz Volontär, unbezahlter Assistent, bei Kurt Goldstein im Neurologischen Institut in Frankfurt a. M., wo er auch die Studentin Lore Posner kennenlernen wird und zwar in einem von Kurt Goldstein und Adhémar Gelb gemeinsam angebotenen Kolloquium (»Über das Bewusstsein und das so genannte Unbewusste«; s. a. Sreckovic 1999; Hartmann-Kottek 2012). Neben einer Affäre, die ein Jahr später beginnt, haben die beiden auch einen regen intellektuellen Austausch, der sie gegenseitig beflügelt, und besuchen gemeinsam Lehrveranstaltungen, u. a. die von Max Scheler, Paul Tillich und Martin Buber (▶ Kap. 2.1). Von Max Scheler kommt der Einfluss aus der Phänomenologie, der phänomenologischen Wesensschau und Werteschau (Fritz lernt auch Edmund Husserl kennen). Paul Tillich vermittelt ihm den Akt des »begegnenden Du«. Martin Buber, der mit seiner Unterscheidung zwischen einer distanzierten Ich-Es- und einer involvierten Ich-Du-Beziehung Perls' Denken und seine spätere Gestalttherapie sehr beeinflusst, bringt ihn in Kontakt mit der chassidischen Tradition und wird ihm später Vorbild für die Art von Beziehung sein, die er mit seinen Patienten einzugehen versucht. In dieser Zeit lernt er auch, über das Buch »Holism and Evolution« (1926), den Holismus von Jan Christiaan Smuts sowie S. H. Foulkes (ebenfalls Assistent bei Goldstein) kennen, der ihn mit Kurt Lewin und seiner Feldtheorie vertraut macht.

1927 wird Perls eine Zeit lang in Wien als Psychoanalytiker tätig sein und sich von Helene Deutsch supervidieren lassen. Zudem ergeben sich Kontakte zu Otto Fenichel, Paul Federn, Edward Hirschmann, Sandor Ferenczi, Karl Landauer, Ernest Jones (s. a. Hartmann-Kottek 2012).

Fritz und Lore heiraten 1929 und ziehen nach Berlin, eröffnen eine Praxis, die schnell floriert und ihnen ein gutes Auskommen bietet. Wie viele andere mussten die Perls im Jahre 1933 vor den Nazis ins Exil fliehen. Über die Niederlande kam die Familie – die Tochter Renate war 1931 schon geboren – 1934 auf Initiative von Ernest Jones nach Südafrika. Der Sohn, Steve, kam 1935 in Johannesburg zur Welt.

In Südafrika gründet das Paar das erste psychoanalytische Institut des Landes. Auch hier fassen sie schnell Fuß und bringen es zu Wohlstand. Dort entstand 1942, mit einem Abstand von 10 Jahren, das erste Buch, in dem Fritz Perls seine Gedanken zusammenfasste: »Ego, Hunger and Aggression«. Darin findet sich jedoch noch nicht die Bezeichnung »Gestalttherapie«. Die neu konzipierte Therapieform trägt noch den Namen »Konzentrationstherapie«. »Gestalttherapie« findet sich erst im Jahre 1951 im gleichnamigen Buch, welches von Fritz Perls, Paul Goodman und Ralph Hefferline verfasst werden wird.

Lore Perls hat bei »Ego, Hunger and Aggression« wesentlich mitgewirkt. Bzgl. der theoretischen Grundlagen hat v. a. die Geburt von Renate dazu beigetragen, das Saugverhalten nicht als »oral-sadistischen Impuls« – wie von der damaligen Psychoanalyse verstanden –, sondern als positive Aggression (i. S. von ad-greddi, d. h., auf etwas zuzugehen, sich etwas hinwenden) zu verstehen; ein wesentlicher Faktor für die Entwicklung der Aggressionstheorie der Gestalttherapie, die im Konzept der »oralen Widerstände« mündete und später als »Beißhemmung« bezeichnet wird.

Diese Theorie wird Fritz 1936 im Rahmen der Internationalen Psychoanalytischen Konferenz in Prag (Marienbad) unter dem Titel »Orale Widerstände« vorstellen. Anders als von ihm erhofft, wird er sehr kritisch-distanziert aufgenommen. Es folgt eine für ihn subjektiv sehr kränkend wahrgenommene Begegnung mit Sigmund Freud in Wien. Diese beschreibt er in seiner Autobiographie: »Ich bin aus Südafrika gekommen, um einen Vortrag zu halten und um Sie zu sehen.«, sagt Perls, worauf Freud ihm entgegnet: »Und wann fahren Sie zurück?«. Diese zweite Kränkung macht seine Krise perfekt. Später wird er schreiben: »Selbst während der letzten paar Jahre, in denen ich viel ausgeglichener bin, ist dies eine der vier wichtigsten unerledigten Situationen meines Lebens geblieben.« (Perls 1981, S. 59).

Nachdem der zweite Weltkrieg, währenddessen Fritz noch als Armeepsychiater gearbeitet hatte, vorbei ist, wanderte das Paar in die USA aus und gründete erneut eine eigene Praxis (zu den ersten Klienten gehörten Paul Goodman, Isadore Fromm und Daniel Rosenblatt) wie auch 1952 das New York Institute for Gestalt Therapy, welches unter der Leitung von Lore Perls steht. Zwei Jahre später wird ein weiteres Institut in

Cleveland eröffnet. 1947 und 1949 trifft Perls Jacob L. Moreno, lernt das Psychodrama kennen und baut dessen Elemente in sein therapeutisches System ein.

In den 1950er Jahren fällt Perls abermals in eine Krise. In dieser Zeit (1953) trennen sich – wenn auch nie endgültig – die Wege von ihm und Lore. Letztere bleibt in New York und begründet den »Ostküsten-Stil« der Gestalttherapie, während er eine Reise- und Workshop-Tätigkeit beginnt.

1960 kommt Perls nach Japan und mit der Zen-Meditation, den Konzepten der Achtsamkeit und des Gewahrseins in Kontakt und trifft auf eine Haltung, die der seinen wohl sehr entsprach: Die persönliche bewusste Erfahrung ist wichtiger als die Ausarbeitung von Theorien. So hilfreich und förderlich diese Haltung für Perls persönlich auch gewesen sein mag, so sehr hat es der theoretischen Ausarbeitung seiner Konzepte geschadet. Diese wurde nicht mehr von ihm vorangetrieben; nach den beiden Büchern »Ego, Hunger and Aggression« und »Gestalt Therapy. Excitement and Growth in the Human Personality« überließ er die theoretische Weiterentwicklung seiner Frau und seinen Anhängern. Er selbst beschränkte sich hingegen auf die Veröffentlichung von zusammenfassenden Darstellungen, angereichert mit Verbatim-Protokollen aus seinen Sitzungen.[8]

Fritz Perls stirbt 1970 in einem Chicagoer Krankenhaus während einer Vortragsreise an einem Herzinfarkt. Er ist im jüdischen Friedhof in

---

8   Zitat aus Gestalt-Kritik (Interview mit Paul Goodman):
    »Glasgow: Ich bin sicher, dass eine Menge Leute, die deine neueren Arbeiten gelesen oder dich gehört haben, überrascht wären, wenn sie wüssten, dass du zusammen mit Fritz Perls ein umfangreiches Buch über Gestaltpsychologie geschrieben hast.
    Goodman: Zusammen? Glasgow: Oder allein.
    Goodman: Nun, ich habe den größten Teil geschrieben. Fritz ist ein toller Kerl, aber keiner, der Bücher schreiben kann.«
    Diese fehlende Systematik führte einerseits zu einem Potpourri von »Gestalttherapien« und dadurch andererseits zum Umstand, dass die Gestalttherapie heute noch unter dieser fehlenden theoretischen Stringenz leidet und nicht zum Kanon der wissenschaftlich anerkannten Verfahren gehört (s. a. Hartmann-Kottek, 2012).

Pforzheim, im Familiengrab der Perls zusammen mit seiner Frau Lore begraben.

Seine Person angemessen zu beschreiben ist ein sehr schwieriges Unterfangen und kann nur dann annähernd gelingen, wenn Begriffe verwendet werden, die eigentlich Gegensätze darstellen und somit nicht im gleichen Satz vorkommen können. Als Therapeut sicher ein »Meister des Moments« und der Beziehungsgestaltung, mit einem unglaublich scharfen Blick für sein Gegenüber. In seiner Theorie genial, mutig und schöpferisch. Als Mensch wohl eher schwierig und schillernd, mit gut ausgebildeten egoistischen und narzisstischen Anteilen. Vor dem Hintergrund dessen, was Gestalttherapie ist und welches Ziel sie in der Therapie verfolgt, kann es vielleicht auch nicht anders sein. Abschließend sei auf einen bezeichnenden und lesenswerten Vortrag seines Sohnes, Steve Perls, vom 23. April 1993 in Montreal anlässlich des 100. Geburtstags seines Vaters verwiesen (S. Perls 1999).

Laura Perls

Laura Perls wurde 1905 in Pforzheim als Lore Posner in einer wohlhabenden jüdischen Juweliersfamilie mit insgesamt drei Kindern – sie hatte eine Schwester und einen Bruder – geboren. Lange bevor in ihr das Interesse an Psychologie und Philosophie geweckt wurde, begeisterte sie sich für Musik, klassische und moderne Literatur sowie Tanz und Kunst. Bis zu ihrer Pubertät war sie davon überzeugt, später als Konzertpianistin zu arbeiten. Nach dem Besuch eines klassischen Gymnasiums, wo sie im ersten Jahr das einzige Mädchen war, entschied sie sich dafür, Rechtswissenschaften in Frankfurt a. M. zu studieren und später in der Jugendgerichtshilfe zu arbeiten.

Mit 16 Jahren hatte sie einen »Nervenzusammenbruch«, den sie später als Ausdruck ihrer Protesthaltung (L. Perls 2005; 2005a) bezeichnen wird und der in einem mehrmonatigen Sanatoriumsaufenthalt mündete. Ursache war eine von den Eltern nicht geduldete Liaison mit einem deutlich älteren Mann. Dieses Sanatorium wurde von einem Adlerianischen Psychologen geleitet und dort kam Laura mit Freud und seinen Büchern »Die Traumdeutung« und »Zur Psychopathologie des Alltagslebens« in Kontakt.

2.2 Gründerfiguren

Laura und Fritz Perls in ihrem Haus, 1933
Abdruck mit freundlicher Genehmigung des Renate Perls Archivs

Sie begann 1923 ihr Jurastudium – auch hier war sie eine der ersten Frauen –, änderte jedoch ihre Entscheidung und wechselte 1926 zur Psychologie und Philosophie. Dort lernte sie Kurt Goldstein, Max Wertheimer und Adhémar Gelb kennen, der später auch ihr Doktorvater wurde. Zudem kam sie im Rahmen ihres Philosophiestudiums mit

Edmund Husserl, Paul Tillich, Max Scheler und Martin Buber in Kontakt. Über die beiden letzten wird sie später sagen:

> »Ich muss sagen, dass mein therapeutischer Stil eher von Paul Tillich und Martin Buber geprägt ist. Diese beiden haben mich stärker beeinflusst als sämtliche Analytiker und Psychologen. Paul Tillich war mein Philosophieprofessor in Frankfurt, Buber ebenfalls. Was bei Tillich und Buber so wichtig war, das war die Unmittelbarkeit ihrer Art zu kommunizieren. Sie hielten dir keine Vorträge, sondern sprachen direkt zu dir – aus einer Quelle in ihrem Inneren. Es ging ihnen nicht um Geschichte, Philosophie oder irgendeine bestimmte Theorie.« (Kudirka 2005, o. S.).

Ihre psychoanalytische Ausbildung begann sie 1927 bei Clara Happel, später bei Karl Landauer. Es folgte eine Lehranalyse bei Frieda Fromm-Reichmann, ihrer ersten Lehrerin (s. a. Doubrawa und Doubrawa 2005). Nach Beendigung ihrer psychoanalytischen Ausbildung eröffnete sie zusammen mit ihrem Lebenspartner Fritz – unter der Supervision von Otto Fenichel – eine eigene psychoanalytische Praxis im Jahre 1932.

Die Erfahrungen der NS-Zeit mit Flucht und dem tragischen Tod ihrer Schwester und Mutter hinterließen bei Lore Perls wohl einen bleibenden und nachhaltigen Eindruck. Zeitlebens bedeutete für sie therapeutische Arbeit immer auch politische Arbeit, d. h. einen Kampf gegen den Schrecken von Krieg und Faschismus (s. a. Doubrawa und Doubrawa 2005). Andererseits war für sie der (Gestalt-)Therapeut auch immer ein Künstler und sie hielt Therapeuten mit einem künstlerischen Hintergrund immer für die »besseren« Therapeuten (Kudirka 2005, o. S.).

1953 erscheint von ihr in der von Paul Goodman herausgegebenen Zeitschrift »Complex of Psychology and Society« der Artikel »Notes on the Psychology of Give and Take« (»Über die Psychologie des Gebens und Nehmens«). In der gleichen Ausgabe publiziert Fritz Perls eine Arbeit von ihm mit dem Titel »Morality, Ego-Boundary and Aggression«. Drei Jahre später, 1956, erscheint von ihr »Two Instances of Gestalt Therapy« (»Zwei Beispiele für Gestalttherapie«).

Auch wenn die Perls seit 1953 getrennte Wege gehen, so reisen sie doch 1957 gemeinsam nach Deutschland, um an einem Treffen mit Vertretern der Frankfurter Schule (s. a. Abram 2013) teilzunehmen. Kurz vor dem Tod von Fritz Perls im Jahre 1970 bis ca. 20 Jahre danach reist Lore jährlich nach Europa, um dort Workshops zu geben, und macht auf diese

Weise die Gestalttherapie weiterhin bekannt. 1982 erhält sie von der Universität Frankfurt a. M. die Ehrendoktorwürde und 1989 wird sie Ehrenbürgerin der Stadt Pforzheim. Im gleichen Jahr erscheint ihr Buch »Leben an der Grenze« (aktuell in der 3. Aufl., 2005).

Am 13. Juli 1990 wird ihre Urne im Familiengrab neben der ihres Mannes in Pforzheim beigesetzt.

Lore Perls prägte den weniger konfrontativen, warmen, stillen »East-Coast-Stil« der Gestalttherapie, gekennzeichnet durch liebevolle Aufmerksamkeit, Wohlwollen gegenüber dem Patienten sowie Einfühlungsvermögen und natürlich Unterstützung (s. a. Doubrawa und Doubrawa 2005), während ihr Mann, der später an die Westküste zog, den »West-Coast-Stil« der Gestalttherapie begründete, welcher deutlich konfrontativer in der therapeutischen Arbeit war, geprägt durch einen »härteren«, auf die Entfaltung der eigenen Persönlichkeit und eher individualistisch ausgerichteten konzentrierenden Stil, der vielleicht weniger für die klassische klinische Praxis geeignet ist. In den 1960er Jahren spaltete sich die Gestalttherapie entsprechend: Dem »West-Coast-Style« folgten bspw. Claudio Naranjo und Jim Simkin, während Paul Goodman und Isadore Fromm mehr dem »East-Coast-Style« zuzuordnen sind (s. a. Kriz 2014, S. 211; L. Perls 1956). Ein Zitat, welches den Unterschied im Zugang zum Patienten zwischen Fritz und Lore sehr gut zusammenfasst, findet sich bei Stoehr (1994), S. 51:

> »One of the patients who moved from therapy with Fritz to therapy with Lore explained the difference between them this way: Fritz would demand, ›Why are you so *rigid*?‹ or he would complain in his thick accent, ›You're *boring* me!‹ But Lore would say, ›Why are we not friends?‹ Of all my patients, I feel only you are not my friend.« (s. a. L. Perls 1953).

Erving Polster, der zusammen mit seiner Frau Miriam zur ersten Nachfolgegeneration der Begründer gehörte und bei Lore seine allererste Einzelsitzung hatte, sagt über sie Bezeichnendes:

> »Als ich später einen ihrer Workshops besuchte, bemerkte ich, dass sie sich sehr fein und sehr genau auf bestimmte Dinge einstellte, die die Teilnehmer taten. Sie wusste, wie sie so etwas entwickeln konnte. Was mir bei ihr auffiel, und was ich bei Fritz oder Paul Weisz nicht gesehen hatte, vielleicht nicht einmal bei Isadore, war – wie soll ich es nennen? – eine bestimmte Art des warmen Einfühlens, ein Sich-Einwärmen in den anderen. Sie kam einem körperlich näher. Sie lächelte.

Nebenbei sagte sie ermutigende Dinge. Und sie scheute sich nicht, durch ihre Gesten und Bewegungen ganz klar und deutlich Unterstützung zu geben.« (Doubrawa und Doubrawa 2003, S. 200 f).

Auch wenn Lore Perls zweifelsohne – zusammen mit ihrem Ehemann und Paul Goodman – zu den Begründern der Gestalttherapie gehört und maßgeblich an ihrer Entwicklung mitgearbeitet hat, bleibt ihr eigenständiger Beitrag dazu unglücklicherweise häufig unerwähnt (s. a. Doubrawa und Doubrawa 2005). Dies gilt nicht nur bzgl. ihrer Mitarbeit am 1942 veröffentlichten ersten Buch »Das Ich, der Hunger und die Aggression«, sondern auch in Bezug auf das im Original im Jahre 1951 erschienene Buch »Gestalt Therapy«. Anders als ihr Mann, der mit einer »intuitiven Genialität« (Hartmann-Kottek 2012, S. 222) beschenkt war, war sie ein Mensch, der vom Hintergrund aus agierte und mehr um Ausgewogenheit, Wissenschaftlichkeit und Klarheit bemüht war (ebd.).

»Es wird allgemein unterschätzt, welche Inspiration und welchen großen Einfluss Laura Perls auf die Entwicklung der Gestalttherapie ausübte, und das, obwohl sie während der Jahre in Kalifornien und Kanada ... nicht bei ihm [d. h. Fritz Perls, Anm. d. Verf.] war. ... Als frühe Schülerin von Dalcroze beeinflusste Laura ... Fritz' Konzentration auf die Rolle des Körpers im therapeutischen Prozess und seine Gewichtung des ›Erwachens der Sinne‹.« (Naranjo 1996, S. 260).

Ralph F. Hefferline

Ralph F. Hefferline wurde 1910 in Muncie im US-Bundesstaat Indiana, geboren. Es würde sich lohnen, eine lange und ausgiebige Diskussion um die Frage zu führen, ob er überhaupt zu den Gründerfiguren der Gestalttherapie gezählt werden soll. Einerseits ist er auf dem Titelblatt eines der Hauptwerke der Gestalttherapie nach Fritz Perls und vor Paul Goodman der zweitgenannte Autor. Er war es wohl, der den ersten Teil hauptsächlich verfasst hat (s. a. Knapp 2005). Darüber hinaus aber taucht er kaum mehr unter den gestalttherapeutischen Publikationen auf, obwohl er mit zahlreichen Aufsätzen in der damaligen wissenschaftlichen Literatur zu finden ist – nur nicht unter der Ägide der Gestalttherapie. Ralph F. Hefferline scheint eine prägnante und gleichzeitig eine unscheinbare (vielleicht die unscheinbarste) Figur in der Entstehung der Gestalttherapie zu sein.

1941 erwarb er von der Columbia Universität seinen Bachelor of Sciences in Psychologie. Es folgte sein Master in Psychologie und 1947 eine Promotion. Schon während seines Grundstudiums faszinierten ihn die Experimentalpsychologie und die Lerntheorie, wie sie damals von B. F. Skinner vertreten wurde. Besonders das Konzept der Verstärkung und das Biofeedback hatten es ihm angetan, was in einer Studie über die unscheinbaren Kopfbewegungen von Ratten kurz vor einem Fluchtverhalten mündete, die er als Dissertationsthema einreichte (s. a. Knapp 2005). Der Columbia Universität blieb er treu und wurde 1967 dort ordentlicher Professor.

Wie sich Ralph Hefferline und Fritz Perls kennenlernten, ist nicht genau überliefert. Nach Lore soll Hefferline ein Klient von Fritz gewesen sein. Die Ehefrau von Hefferline, Dorothy, gibt an, Fritz und Ralph hätten einen gemeinsamen Bekannten gehabt, der sie zusammen brachte. Hefferline konnte den Auffassungen von Fritz Perls viel Interesse abgewinnen und begann im Jahre 1947 zeitlich zusammen mit seiner Promotion an Techniken zur Steigerung der Selbstwahrnehmung zu arbeiten sowie diese seinen Studenten in der Universität beizubringen. In Hefferlines Notizen findet sich folgende Passage: »Treffen mit Fritz Perls. Haben dieselben Bücher gelesen, haben beide großes Interesse an somatischen Ansätzen.« (Knapp 2005, o. S.).

Seinen Beitrag zum Buch wird er später als »eine Art Handbuch zum Selbermachen« (ebd.) bezeichnen. Sein Verständnis davon, wie körperliche Anspannungen entstehen und wie sie überwunden werden, deckt sich sehr mit der Art und Weise, wie die Gestalttherapie – noch heute – diese versteht und therapeutisch anzugehen versucht:

> »Diese Angewohnheiten wurden als körperliche Prägungen verstanden, die zwar hier und jetzt zu nichts mehr nutze waren, jedoch aus früheren Lebenserfahrungen stammten, in denen sie einmal mehr oder weniger wirksam den Ausdruck von Verhaltensweisen unterdrückt hatten, die andernfalls bestraft worden wären ... der therapeutische Ausweg, den jeder selber begehen kann, lautet ganz einfach so: Weil innere Konflikte zu einem Teil darin bestehen, in der willkürlichen Muskulatur Antagonisten gleichzeitig anzuspannen, muss man ganz einfach die Aufmerksamkeit darauf lenken, wie man diese Anspannung körperlich zustande bringt, und man muss mit ihr experimentieren, sie sogar

vorübergehend verstärken, und sich während dessen nicht davon schrecken lassen, dass Ängste und Befürchtungen aufsteigen können, was ohne die Anspannung an Schlimmem geschehen könne.« (Hefferline und Bruno 1971, zit. n. Knapp 2005, o. S.).

Wie Lore Perls, so war auch Ralph Hefferline nicht mit dem Terminus »Gestalttherapie« zur Gänze einverstanden; er hielt ihn für irreführend. Viel lieber hätte er von »Integrativer Therapie« gesprochen. Integrativ waren auch seine Haltung und letztendlich auch seine Leistung, die er der Psychologie vermachte. Wie kaum ein anderer war er ein Grenzgänger zwischen den Theorien von Skinner und Perls (s. a. Paul Tillich dazu). Er war nicht nur in beiden Schulen zu Hause, sondern förderte auch deren Integration, indem er sie einfach – für heutige Verhältnisse z. T. erstaunlich – nicht als Gegensätze verstand.

Ralph F. Hefferline starb 1974.

»Das Schlimmste, was man Menschen antun kann, ist ihnen zu helfen. Aus dieser Überzeugung heraus halte ich das ganze Schul- und Bildungskonzept für Quatsch, denn hier werden permanent neue Lernsituationen geschaffen. Aber die Welt ist die eigentliche Lernsituation. Wir brauchen nicht mehr zu tun, als den Menschen ihre Autonomie zu geben, und die Freiheit, sich auf ihre Weise zu entwickeln.« (Goodman 2003, o. S.)

Paul Goodman

Paul Goodman wurde 1911 in Greenwich Village, New York geboren. Seine Kindheit ist durch eine Vernachlässigung von seinen als Schausteller tätigen Eltern geprägt. Seine Erziehung wurde mehr von seiner Schwester Alice und seinen Tanten übernommen (Blankertz 2003). Seinen Wissensdurst – und vermutlich auch seinen nicht befriedigten Wunsch nach Zugehörigkeit – stillte er in den öffentlichen Bibliotheken von New York, die Stadt, die z. T. seine Erziehung übernahm (Konzept der »erzieherischen Stadt«, bzw. der »Stadt als Schule«, was in seinem späteren Roman »The Grand Piano« auch die Haupthandlung werden wird).

In Chicago studierte er 1931 Literatur und Philosophie. Es folgten eine Promotion, in der er sich mit der formalen Analyse von Gedichten beschäftigte, sowie ein Lehrauftrag. Von seiner sexuellen Orientierung her bisexuell, verliebte er sich in einen Studenten und wurde, als seine Neigung öffentlich wurde und er diese nicht nur nicht verneinte, sondern auch als pädagogisch sinnvoll verteidigte, entlassen; eine Erfahrung, die er nicht zum letzten Mal machen sollte. Obwohl er viele Geschichten, Essays und Romane schrieb, gelangte er nicht zu einer großen Bekanntheit.

Seine gesellschaftskritischen und politischen Aufsätze (es ging um (Homo-)Sexualität, auch mit Jungen, um Krieg, Aggression und Gewalt) sowie sein bereits erwähnter Roman »The Grand Piano« hatten Fritz und Laura Perls während ihrer Zeit in Südafrika gelesen. Nach ihrem Umzug nach New York in den 1940er Jahren lernten sich die Perls und Paul Goodman persönlich kennen (»Paul Goodman wurde ihr Klient, Geliebter, Freund und Kollege.«; Blankertz und Doubrawa 2006, o. S.). Besonders zu Laura wird er zeitlebens eine starke Verbundenheit spüren. Er war jahrelang als Gestalttherapeut tätig, zog sich aber im Laufe der Zeit immer mehr aus diesem Gebiet zurück.

In einem Interview 1971 sagt er zu seiner Mitautorenschaft:

> »Der Theorieteil von ›Gestalt Therapy‹, den ich komplett geschrieben habe, beinhaltet die Auffassung, dass ein Mensch an der Neurose festhalten muss, weil er in der Gegenwart bestimmte Schwierigkeiten hat. Das heißt, dass die Neurose die wahrscheinlich beste Art und Weise darstellt, mit den gegebenen Umständen zurechtzukommen. Solange man nicht die gegebenen Umstände verändert, kann der Neurotiker sein absurdes Verhalten nicht aufgeben. Also befasst man sich systematisch mit den Verhältnissen und sucht nach einfachen Lösungen, die der Patient übersehen hat. Das ist viel interessanter, als den Patienten verändern zu wollen – weil die Neurotiker alle gleich sind. Es gibt ein halbes Dutzend verschiedener neurotischer Verhaltensweisen. Gesundheit hingegen ist einzigartig und vielfältig. Ich habe die Erfahrung gemacht, dass der wichtigste Moment in der Therapie dann gekommen ist, wenn der Patient von seinem eigenen eingespielten Verhalten so gelangweilt ist, dass er einfach damit aufhört. Dieses gelangweilt sein kann man sich allerdings nur leisten, wenn man Alternativen kennt.« (Goodman 2003, o. S.).

Das 1960 erschienene Buch »Growing Up Absurd: The Problems of Youth in the Organized Society« (dt.: Aufwachsen im Widerspruch – Über die Entfremdung der Jugend in der verwalteten Welt, 1971), in dem er sich sozialkritisch mit den Schwierigkeiten der damaligen Jugend auseinandersetzte, wurde nicht nur zu einem Bestseller, sondern auch eine Art

2 Entstehung der Gestalttherapie

»Bibel« für die damalige rebellische Jugend.[9] Darin findet sich auch die Kernaussage seiner Haltung, die er in einem Interview aus dem Jahre 1971 wie folgt formuliert: »…dass man in einer überzentralisierten Gesellschaft, in der die großen Konzerne mit Hilfe staatlicher Steuerung mehr oder weniger nutzlose Konsumgüter produzieren, nur überleben kann, indem man aussteigt.« (Goodman 2003, o. S.). Goodman steuert somit die sozialphilosophischen Bezüge sowie Erkenntnisse der Chicagoer Schule des Pragmatismus (John Dewey/George Herbert Mead) zur Gestalttherapie bei bei (s. a. Kriz 2014, S. 211).

Goodmann starb 1972 in North Stratford, New Hampshire.[10]

---

9 Eine Ausschnitte mit entsprechenden Aussagen über sein Verständnis von Erziehung finden sich unter: https://www.youtube.com/watch?v=NJw8OO¬XvWtU (Zugriff am 06.03.2016).
10 Den Trailer zu einer DVD über ihn und sein Leben (»Paul Goodman Changed My Life«) findet der interessierte Leser unter: https://www.youtube.com/¬watch?v=prHtmk7yfuc (Zugriff am 06.03.2016).

3 Zentrale Begriffe und Kernkonzepte, therapietheoretische Grundlagen

Im Folgenden finden sich lexikonartig dargestellte Begriffe und Kernkonzepte der Gestalttherapie. Da jedoch nicht nur die Gestalttherapie integrierend ist, sondern auch ihre Grundkonzepte, ist es kaum möglich, eines davon zu erläutern, ohne auf andere Bezug zu nehmen. Falls der Leser den Eindruck hat, einzelne Begriffe in verschiedenen Kapiteln wiederzufinden, so ist das nicht nur gewollt, sondern nach Auffassung des Autors kaum zu vermeiden.

Hilfreiche und weit umfangreichere Überblickswerke finden sich bei von Bialy und Volk-von Bialy (1998) sowie Blankertz und Doubrawa (2005).

3.1 Figur-/Hintergrund-Konzept

Das Konzept Figur/Hintergrund und das damit assoziierte Konzept des Gestaltbildungsprozesses entstammen beide der Gestaltpsychologie und sind eng mit dem Namen Kurt Goldstein verknüpft, der nicht nur einer ihrer Väter ist, sondern auch die Neuropsychologie begründet hat.

Die Gestaltpsychologie stellt die menschliche Wahrnehmung in den Mittelpunkt und betont die Intention und Aktivität, mit welchen der Mensch sich und seine Umwelt wahrnimmt. Dieser Wahrnehmungsprozess ist somit nicht »passiv-rezipierend«, gleichsam so, als ob der Wahrnehmende »Opfer des Wahrgenommenen« ist, als ob ihm das Wahrgenomme »zufällt«. Im Gegenteil, er sucht »aktiv-strukturierend« (auch wenn ihm das so nicht bewusst ist) in ihm und seiner Umwelt die Objekte aus, die er wahrnimmt. Vor diesem Hintergrund ist Wahrnehmung immer sinn-, struktur- und bedeutungsgebend.

Wie geschieht das konkret? Die Gesamtheit der inneren und äußeren Umwelt bildet den »Hintergrund« ab, aus dem sich für das jeweilige Individuum ein Element, welches sein Interesse geweckt hat, hervorhebt. Dieses Element wird »Figur« genannt. Mit den Worten von Hartmann-Kottek (2012, S. 229):

> »Unsere bedürfnisgesteuerte Wahrnehmung holt sich durch Bedeutungszuweisung dasjenige aus der Vielfalt der Wirklichkeit in den Vordergrund, was dem Ausgleich der eigenen Unausgewogenheit entspricht. So verschränken wir vorübergehend durch solche Funktionsgestalten unser Inneres mit dem Außen zu einer subjektiven Scheinwelt. Wenn wir wieder im Gleichgewicht sind und sofern uns noch kein anderes Defizit in seinen Bann gezogen hat, wird das Wahrnehmungsspektrum der Welt wieder etwas weiter und subjekt-unabhängiger.«

Tritt in einem Menschen bspw. Hunger als Figur auf, so wird er aktiv in seiner Umwelt nach Möglichkeiten suchen, diesen Hunger zu stillen, somit die Figur zu schließen und sie dadurch in den Hintergrund treten zu lassen. In diesem sehr kurzen Figur-/Hintergrund-Prozess ist nicht nur Interaktion (im gewählten Beispiel: Essen), sondern auch Veränderung und Entwicklung verborgen: Der satte Mensch ist nicht derselbe wie der davor und die Umwelt, der die Nahrung entnommen wurde, ebenso wenig. Durch die vollzogene Interaktion verändern sich unweigerlich beide: Es gibt einen Unterschied zwischen vorher und nachher. Dies gilt natürlich nicht nur für das Essen, sondern für jede innere und äußere Interaktion, denn jede führt zu Austausch und dieser Austausch wiederum zu Veränderung. Der beteiligte Mensch hat sich verändert, entwickelt, mit anderen Worten: aktualisiert. Auf diese Weise sind das Konzept Figur/Hintergrund und das der Selbstaktualisierung (s. u.) sehr eng miteinander verknüpft. Sie geschehen unmerklich jeden Moment und greifen ineinander.

Einen weiteren wichtigen Aspekt bildet die Tatsache, dass eine Figur immer nur vor ihrem jeweiligen Hintergrund verstanden werden kann, denn nur durch diesen bekommt sie ihre Bedeutung. Am Beispiel Hunger und Essen lässt sich dies ebenfalls anschaulich zeigen: Ein sehr armer

Mensch und ein sehr reicher Mensch erleben Hunger. Diese Hungerempfindung wird mit Sicherheit nicht die gleiche sein, denn vor dem jeweiligen finanziellen Hintergrund hat sie eine unterschiedliche subjektive Bedeutung. Der Hintergrund ist, wie weiter oben im Text bereits für die Wahrnehmung erläutert, für die Figur ebenso sinn-, struktur- und bedeutungsgebend.

Dies gilt natürlich auch für Menschen, die unter psychischen Störungen leiden. Informiert bspw. ein Schaffner seine Passagiere, dass der Zug aufgrund einer Störung im Tunnel zwischen zwei Stationen Halt machen muss, ist dies für einen Panikpatienten extrem ängstigend. Währenddessen ist der Mensch gleich daneben vielleicht eher mit seinem Ärger beschäftigt, da er einen wichtigen Termin verpasst, oder alternativ gar froh um die Verzögerung, wenn er seinen Termin für überflüssig hält.

Wie wir später noch sehen werden, ist dieses Konzept auch für das gestalttherapeutische Verständnis von Psychopathologie entscheidend. Ein Symptom, bspw. Angst, erhält seine Bedeutung nur vor dem (genetischen und biographischen) Hintergrund des spezifischen Patienten. Angst ist somit nicht gleich Angst. Sie bedeutet für Patient A etwas anderes als für Patient B (s. a. Heinzmann 2014).

Im Figur-/Hintergrund-Prinzip ist auch ein Diktat versteckt: Es kann jeweils nur eine Figur im Vordergrund stehen. Die stärkste Figur-/Hintergrund-Formation übernimmt die Führung und dadurch die Kontrolle über den gesamten Organismus. Sind konkurrierende Figuren vorhanden, führt dies unweigerlich zu einer Konfusion und folglich zu einem Konflikt (s. a. von Bialy und Volk-von-Bialy 1998).

Um einem nicht selten anzutreffenden Missverständnis vorzubeugen: Es ist nicht die Figur, die nach Vervollständigung trachtet, sondern der gesamte Organismus. Er ist es auch, der durch seine jeweilige Motiv-, Bedürfnis- und Interessenlage einerseits die Aufmerksamkeitsenergie liefert, um diesen Prozess ablaufen zu lassen. Andererseits wird der andere Teil der Energie von der Umwelt (dem Feld; s. a. Nevis 1988) hinzugesteuert, die ihrerseits etwas an den Organismus heranträgt.

Für die damalige Zeit war diese ganzheitliche Sicht Kurt Goldsteins revolutionär und mündete in sein Verständnis von der »ganzheitlichen Neurologie« und seiner »Organismustheorie«; besonders von Letzterer war Perls stark beeinflusst.

3.2 Gestalt und Gestaltbildungsprozess

Der ganze Prozess, aus dem sich vor einem Hintergrund eine Figur oder eine Gestalt bildet, wird Gestaltbildungsprozess genannt. Die Fähigkeit, Gestalten zu bilden, ist dem menschlichen (und tierischen) Organismus angeboren. Für Perls definierte dieses zentrale Konzept sein Verständnis dessen, was wir »Bedeutung« nennen, nämlich als die Beziehung »einer Vordergrundfigur zu ihrem Hintergrund« oder »eines Teils zu einem Kontext, zu einer größeren Einheit« (Perls 1990, S. 142). Letztendlich verleihen also Gestalten die Bedeutung: Das Element, dem wir Bedeutung zuweisen, machen wir zu einer Figur und heben sie dadurch aus dem Hintergrund hervor.

Eine Gestalt ist, so Perls, »ein zusammenhängendes ›Eines‹ (cohesive one), das man nicht in verschiedene Teile zerlegen kann« (Perls 1990, S. 141), bzw. »das umfassende Ganze, die Perspektive« (ebd., S. 142). Sie kann als ein »Etwas« bezeichnet werden, das sich für denjenigen, der beschaut, vor einem Hintergrund als Vordergrund hervorhebt und dadurch hervorsteht, i. S. von existiert (s. a. Hartmann-Kottek 2014a).

Die bereits dargestellte Feldtheorie von Kurt Lewin beschreibt den Ort, an dem alles, was bisher über Figur/Hintergrund, Gestalt und Gestaltbildungsprozess beschrieben wurde, geschieht. Anders formuliert: Erleben muss »irgendwo«, d. h. an einem bestimmten Ort, stattfinden. Dieser Ort ist das »Feld«. Perls (2013, S. 34) schreibt dazu: »… das Individuum kann nur in einem es umgebenden Feld leben. Das Individuum ist unvermeidlich in jedem Augenblick Teil des Feldes. Sein Verhalten ist eine Funktion des ganzen Feldes, das ihn und seine Umwelt einschließt.«

3.2 Gestalt und Gestaltbildungsprozess

Exkurs: Der Zeigarnik-Effekt

Was passiert, wenn der Prozess der Figur-Hintergrund-Bildung unterbrochen wird, bzw. sich nicht vervollständigen kann?

Eine erste Antwort darauf sollte eine junge Gestaltpsychologin geben: Die in Litauen geborene Bljuma Zeigarnik (1900–1988), eine Schülerin von Kurt Lewin (s. a. Soff et al. 2004). Folgende Anekdote beschreibt den Geburtsmoment des nach ihr benannten Zeigarnik-Effekts: In einem Restaurant sitzend, fiel Frau Zeigarnik auf, dass sich die Kellner an die Bestellungen der Gäste, die sie noch nicht abgerechnet hatten, erinnerten, während sie diese vergaßen, nachdem die Abrechnung erfolgt war. In ihrer Dissertation »Das Behalten erledigter und unerledigter Handlungen« (Zeigarnik 1927) untersuchte sie diesen Effekt genauer und kam zu dem Schluss: Offene Situationen werden zu 90 % besser im Gedächtnis behalten als abgeschlossene. Daraus formulierte sich einer der Leitsätze der Gestaltpsychologie, nämlich dass offene Gestalten eine Tendenz haben, sich immer wieder ins Gedächtnis zu bringen, weil sie stets bestrebt sind, nach einem Abschluss zu suchen.

In der Gestalttherapie findet der Zeigarnik-Effekt einen sehr deutlichen Niederschlag, denn

> »… [ein] unvollendeter, in seinem Ablauf blockierter Gestaltentwurf drängt danach, zum Abschluss zu kommen, z. B. ein unverständlicher Beziehungsabbruch, eine abgebrochene, (sic!) berufliche Laufbahn, ein versäumter Versöhnungsversuch am Sterbelager, eine abgewehrte Trauer etc. ›Unerledigte Gestalten‹ (›unfinished business‹) fixieren, halten fest. Abgerundete verabschieden sich wie eine reife Frucht.« (Hartmann-Kottek 2012, S. 229).

Im Extremfall kann es zu so genannten »fixierten Gestalten« kommen, die in der Therapie aufgelöst werden müssen.

3.3 Awareness (Gewahrsein) und Awareness-Kontinuum

Awareness ist ein sehr schwer zu übersetzendes Wort. In der Gestalttherapie-Literatur müssen mehrere Begriffe dafür herhalten, ihn zu umschreiben. Dazu gehören bspw. Bewusstheit, Bewusstsein, Moment-zu-Moment-Erfahrung, Gewahrsein, Achtsamkeit, Aufmerksamkeit.

Hinzu kommt, dass Awareness sowohl eine Grundhaltung als auch eine Grundtechnik der Gestalttherapie bezeichnet. Sie beschreibt einerseits die Konzentration auf das, was gerade im gegenwärtigen Moment ist, nämlich als einen »Zustand des lebendigen Organismus, der mit sich und der Umwelt in Kontakt ist, ohne dass Blockierungen, wie z.B. die neurotischen Mechanismen, die bewusste Wahrnehmung seiner selbst und des anderen trüben oder einschränken« (Perls 1976, S. 73). Andererseits beschreibt Awareness aber auch die Fähigkeit, das, was gerade existiert, adäquat ausdrücken zu können: »Ich habe gerade ausgedrückt, was ich fühlte, und durch diese Mitteilung gelang es mir, weiterzumachen.« (Perls 1990, S. 132). Sobald also ein Zustand in seiner Gesamtheit bewusst wahrgenommen und ausgedrückt wurde, eröffnen sich neue Möglichkeiten im jeweils sich vollziehenden Kontakt.

Awareness ist vielleicht am ehesten als potentieller Idealzustand zu verstehen, dessen herausragendes Merkmal ist, dass der Mensch, der zu diesem Zustand in der Lage ist, alles innerlich und äußerlich ohne Blockierungen wahrnehmen kann und dadurch wirklich frei ist zu entscheiden, was als nächstes für ihn zu tun und/oder zu lassen ist. Awareness ist der Zustand des unmittelbaren Kontaktes zwischen Ich und Mich bzw. zwischen Ich, Mich und dem Feld. M. a. W. alles, was Figur werden kann, darf Figur werden, durchläuft einen Zyklus, wird wieder Teil des Hintergrunds und macht der nächsten Figur Platz. So vollzieht sich ein »Awareness-Kontinuum«, d.h. ein Prozess der ständigen Figur-Hintergrund-Bildung in einem Menschen, inklusive der Möglichkeit, diesen Prozess mit Bewusstsein aktiv begleiten zu können. Hierin fußt der für die Gestalttherapie zentrale Satz: »Ich und Du im Hier und Jetzt.« (s. u.)

Ein Mensch ist nach gestalttherapeutischer Auffassung dann »gesund«, wenn dieser Zyklus in ihm möglichst ungestört verlaufen kann.

Psychische Störung hingegen deutet darauf hin, dass dieser bestimmte (vielleicht nicht zufällige) Blockierungen aufweist und dadurch in mehr oder minder starker Weise ins Stocken geraten ist.

Das Awareness-Kontinuum ist kognitiv vielleicht leicht zu verstehen und nachzuvollziehen, aber in Wirklichkeit ist es ein Zustand, der kaum zu erreichen ist. Nahezu jeder Mensch kennt ihn, jedoch im besten Falle für die Dauer von ein paar Augenblicken. In diesen werden das eigene Selbst und die Beziehung zur Welt völlig anders wahrgenommen. Die Alltagsängste und Sorgen sind weg; man kann sogar verwundert darüber sein, wieso man diese überhaupt hatte. Es gibt nur Sein. Eine Satori-Erfahrung, die Perls ebenfalls zugeschrieben wird, ist vielleicht die Voraussetzung, um diesen Prozess, der hier nur theoretisch beschrieben wird, in sich selbst als »wirklichen« Zustand von Dauer erleben zu können.

3.4 Hier-und-Jetzt-Prinzip

Anders als die klassische Psychoanalyse, die primär auf die Vergangenheit fokussiert, oder die klassische Kognitive Verhaltenstherapie, die ihr Augenmerk auf die Zukunft richtet, stellt die Gestalttherapie den Schwerpunkt auf die unmittelbare Erfahrung der Gegenwart in der Begegnung zu sich und/oder zur Umwelt: Ich und Du im Hier und Jetzt.

Perls pflegte von »aboutism« zu sprechen, wenn der Patient sich in Beschreibungen über vergangene Ereignisse oder Erlebnisse verlor, wenn er diese lediglich rational darstellte, ohne sich und sein Erleben dazu in Beziehung zu setzen. Eine noch extremere Formulierung, die er für ausgeprägte Rationalisierungen verwendete, war das »mindfucking«. Der Begriff sollte beschreiben, wie ein Mensch sich in seinen eigenen Gedanken, Vorstellungen und Phantasien verliert, sich darin verstrickt, im Kreis dreht und nicht mehr im Kontakt zu seiner unmittelbaren Wirklichkeit steht.

Das Hier-und-Jetzt-Prinzip ist Ursache für ein psychisches Gleichgewicht, Methode, dieses wieder zu erlangen und Ziel zugleich. Nach Auffassung der Gestalttherapie liegen psychische Störungen darin begründet, dass Entwicklungsbedingungen den Menschen dazu zwingen, seinen Bezug zum Hier und Jetzt auf eine bestimmte Art und Weise zu unterbrechen (Kontaktunterbrechungsmechanismen; s. u.). Er unterbricht dadurch (notgedrungen) sein Sein in der Gegenwart: Bestimmte organismische Zustände (Gefühle, Gedanken, Empfindungen) sind »erlaubt«, andere hingegen »verboten«. Seine Art, am organismischen Lebensprozess teilzunehmen, ist systematisch eingeengt. Diesen steten Bezug zum Hier und Jetzt wiederzuerlangen, geht nur über den Weg, es zu tun, d. h., den Mut zu haben, sich wieder dem zu stellen, was im Hier und Jetzt gerade passiert.

Der Gestalttherapeut versucht als Mittel auf dem Weg zu diesem Ziel mit diesem Prinzip zu arbeiten: Er achtet auf die Phänomenologie des jeweiligen Moments, d. h. Körperhaltung, Körperausdruck, Mimik, Gestik, Atmung, Sprache etc. Der Patient als Ganzes drückt etwas auf eine bestimmte Weise aus. Die Hypothese lautet, dass er sich dessen nicht bewusst ist, sich jedoch in seinem gesamten Ausdruck eine versteckte Sinnhaftigkeit verbirgt, die herauszuarbeiten ihm die Möglichkeit bietet, aus sich selbst heraus wirklich zu sein. Laura Perls spricht in diesem Zusammenhang von einem »Kontinuum der Bewusstheit, der frei flottierenden Gestaltbildung« (L. Perls 2005, S. 92).

3.5 Organismische Selbstregulation, Selbstaktualisierung, Assimilation und Wachstum

Die organismische Selbstregulation, die als Konzept von Kurt Goldstein bereits beschrieben wurde, kann als ständige, lebendige Aufeinanderfolge von Figur-Hintergrund-Wechsel verstanden werden. In diesem Sinne handelt es sich dabei um eine Art von Stoffwechsel-Prozess.

Für Perls (dies lässt sich sehr gut in seinem Erstlingswerk »Das Ich, der Hunger und die Aggression« herauslesen) waren der physiologische und der psychologische Stoffwechsel des Menschen ähnlich, wenn nicht gar von ihrem Prinzip her identisch, denn letztendlich übertrug er den biologischen auf den psychologischen Stoffwechsel. Die »Nahrung« sind beim Letzteren die Erfahrungen und das Erleben.

Wie die tatsächliche Nahrung werden Erfahrungen aufgenommen und müssen weiter verarbeitet werden, eben nicht durch den Magen, sondern durch den psychischen Apparat. Wie beim Verdauungsprozess müssen von den aufgenommenen Eindrücken die Bestandteile integriert werden, die dem eigenen, diesmal psychischen Wachstum dienen, und die übrigen, nicht (psychisch) zu verdauenden Bestandteile ausgestoßen werden. Dieser Vorgang wird »Assimilation« genannt. Während er vor sich geht, wird – wie bei der tatsächlichen Nahrung – die »Aufnahme und Verarbeitung von (zunächst) fremden Bestandteilen zum Zwecke des eigenen Wachstums« (Kriz 2014, S. 212) vollzogen. Damit wird ein Transformationsprozess eingeleitet: Etwas, das vorher außerhalb von mir war, wird aufgenommen und transformiert, so dass es meinem Wachstum dienen kann. Wie bei der natürlichen Nahrungsaufnahme hat auch der Ekel dabei eine sehr wichtige Funktion: Er hilft, Gutes und Förderliches vor Schlechtem und Schadhaftem zu trennen. »Wachstum setzt also die als Assimilation gekennzeichnete Transformation von (Organismus-)Fremdem in (Organismus-)Eigenes voraus.« (Kriz 2014, S. 213). Diese Prozesse führen den Organismus, sowohl physiologisch als auch psychologisch, im gesunden Fall zu Reife und Wachstum – ein Leben lang.

Die organismische Selbstregulation findet im awareness continuum statt, d. h. im steten Strom der eigenen Bewusstheit im Kontakt mit sich und der Umwelt. Jede Figur wird als solche erkannt und erfahren. Der Mensch ist sich bewusst, was gerade in ihm passiert, welche Figur nach welcher Befriedigung trachtet und dass er gerade dabei ist, diese zu befriedigen (oder die Befriedigung aufzuschieben). Dadurch kommt es zu einer ständigen Erneuerung des Selbst – der Selbstaktualisierung.

3.6 Selbst und Persönlichkeit

Historisch, d. h. zu Zeiten von Perls und der ersten Generation von Gestalttherapeuten, wurde das Selbst (Perls verwendete es synonym zu

3 Zentrale Begriffe und Kernkonzepte, therapietheoretische Grundlagen

»Person«) neben anderen Konzeptualisierungen als »die Kontaktgrenze in Aktion« bezeichnet: »... seine Aktivität bildet immer wieder neu Figur und Hintergrund.« (Perls et al. 2013, S. 31). Das Ich hingegen verstand Perls als »*nicht ein wirklich existierender Gegenstand oder ein Teil des Organismus ... ›Ich‹ bezeichnet einen Zustand ... hat keine Beständigkeit ...*« (Perls 1990, S. 161).

In der Literatur aus dieser Zeit finden sich unterschiedliche, z. T. wie Definitionen anmutende Beschreibungen und Erklärungen, wie das Selbst zu verstehen ist – manchmal sogar innerhalb desselben Werkes, bspw.:

> »Wir wollen das Selbst als das System der ständig neuen Kontakte definieren. Als solch ein System ist das Selbst von flexibler Vielfalt, denn es verändert sich mit den vorherrschenden Bedürfnissen und den andrängenden Umweltreizen; es ist das System der Reaktionen ...« (Perls et al. 1979, S. 17)

Dann eine Seite weiter:

> »Das Selbst ... ist genau genommen der Integrator; es ist die synthetische Einheit, wie Kant es nennt. Es ist der Schöpfer des Lebens. Es ist nur ein kleiner Faktor in der gesamten Organismus/Umwelt-Interaktion, aber es spielt die entscheidende Rolle des Finders und Herstellers von Bedeutungen, durch die wir wachsen.« (ebd., S. 18).

Bei Perls heißt es weiterhin: »Das Selbst ist der Teil des Feldes, der der Andersheit entgegengesetzt ist.« und dann weiter »... das Selbst kann nicht anders verstanden werden als durch das Feld, ebenso wie der Tag nicht anders verstanden werden kann als durch den Gegensatz zur Nacht« und abschließend »... das Selbst kann man nur im Gegensatz zu Andersheit finden. Es gibt eine Grenze zwischen dem Selbst und dem Anderen, und diese Grenze ist das Wichtigste in der Psychologie.« (Perls 1990, S. 130).

Damals wie heute ist das Selbst nach gestalttherapeutischer Auffassung keine Instanz, sondern die Kontaktgrenze in Aktion, in Bewegung (s. a. Dreitzel 2004; Staemmler 2015). Anders als in anderen therapeutischen Schulen – besonders der Psychoanalyse zu Zeiten Perls' – vertritt somit die Gestalttherapie die Auffassung, das Selbst sei kein »Apparat«, sondern ein dynamischer Prozess. Es ist »das Insgesamt dessen, wie wir uns jeweils in und mit der Welt erleben und erfahren.« (ebd. S. 41).

Gleichzeitig haben einige Gestalttherapeuten der zweiten Generation, darunter z. T. sehr einflussreiche, gegenüber dieser Auffassung Kritik geäußert. Exemplarisch soll hier Polster (1995) erwähnt werden, der von mehreren »Selbsten« ausgeht, die als Anteile verstanden werden können und im Rahmen der Therapie einer Integration zugeführt werden müssen. In aktuelleren Konzeptualisierungen der Selbsttheorie wird die Nähe der Gestalttherapie zur Quantenphysik deutlich (Hartmann-Kottek 2012). Darin wird als erstes Merkmal des Selbst seine Doppelnatur betont und zwar – wie bei einem Quant – einmal als Welle und dann als etwas Materielles. Das Selbst »produziert und aktiviert Engramme, es stimuliert und organisiert Wachstum und verwirklicht sich durch neuronale Plastizität ... sorgt gleichzeitig für eine individuelle Feldgestalt ... vermag sich zu zentrieren, aber auch grenzenlos umherzuschweifen und mit anderen Wellenformationen in Resonanz zu gehen.« (ebd., S. 47).

Weitere seiner Merkmale sind seine Kontakt- und Vernetzungsfähigkeit (das Selbst als Träger des Kontaktgeschehens und als Integrator/Begrenzer der schöpferischen Anpassung im Organismus/Umwelt-Feld), seine Bewusstseinsfähigkeit (das Selbst als Träger von Bewusstsein), das Fließgewicht (im Innenverhältnis die organismische Selbstregulation; im Außenverhältnis der Kontakt-Erfahrungszyklus, s. u.), die Integration von Polaritäten (bspw. zwischen Lust und Unlust) und der Spielraum als Raum für die Selbst-Regulation (wobei das gestalttherapeutische Pendant zum Spiel das Experiment (s. u.) ist, in dem sich der Patient »spielerisch« abgespaltenen Erfahrungen zuwenden darf, um diese zu integrieren).

Das Selbst steht also im Dienste der organismischen Selbstregulation, kann als Integrator des Organismus verstanden werden und manifestiert sich eben dann, wenn sich ein Prozess der Auseinandersetzung zwischen dem Organismus und seiner Umwelt vollzieht (s. a. Kriz 2014, S. 214).

Die drei Funktionen des Selbst

Perls et al. (2013) beschreiben folgende drei Strukturen des Selbst (s. a. Hutterer-Krisch und Amendt-Lyon 2004; Müller 1999; s. a. Dreitzel 2004), die in späteren Jahren von Isadore From genauer ausgearbeitet wurden (s. a. Müller 1996):

1. Die *Ich-Funktion* bezieht sich auf das, was der Organismus im Kontakt zu seiner Umwelt braucht: Was will ich? Was will ich nicht? Das

Identifizieren und Entfremden von Möglichkeiten durch Kontaktvermehrung oder -vermeidung.
2. Die *Es-Funktion* bezieht sich auf das, was der Organismus im Kontakt zu seiner Umwelt tut oder nicht tut: Was tue ich als nächstes? Durch die Es-Funktionen erhält das Selbst Informationen darüber, zu was als nächstes Kontakt hergestellt werden soll.
3. Die *Persönlichkeits-Funktion* bezieht sich auf das, was der Organismus im Kontakt zu seiner Umwelt ist: Was bin ich? Was bin ich nicht? Durch die Persönlichkeitsfunktion erhält das Selbst Informationen darüber, wer es ist, wer es nicht ist bzw. wer oder was es geworden ist.

Anders formuliert (s. a. Dreitzel 2004), sorgen die Es-Funktionen für den Antrieb, Kontakt herzustellen (Bedürfnisse, Triebe, Interessen), während die Persönlichkeitsfunktionen sich auf das beziehen, womit sich der Mensch identifiziert. Diese drei Konstrukte sind miteinander verwoben: Die Es- und Persönlichkeitsfunktionen sind jeweils Ergebnis der Ich-Funktionen; Letztere halten Erstere aufrecht. Während die ersten beiden wichtig bei der diagnostischen Einordnung sind, ist das Ziel der gestalttherapeutischen Arbeit die Wiederbelebung der Ich-Funktionen. Bedürfnisse aus dem Es werden vom Ich aufgegriffen und treten als bewusste und zielgerichtete Handlungen in der Umwelt auf. Die Persönlichkeit ist das »geronnene Ergebnis« (ebd., S. 214) des assimilierten und nicht-assimilierten Materials im bisherigen Kontakt mit der sozialen Umwelt; ein System »persönlicher Eigenschaften« (ebd.), mit dem man das Verhalten der Person erklären kann (s. a. Kriz 2014, S. 214).

Von einem »Über-Ich« ist hingegen keine Rede. Tatsächlich wurde dieses von den Vätern der Gestalttherapie nicht als eigenständige Instanz betrachtet. Gleichsam durch die Hintertür, nämlich als Konzept der »Moral«, die wiederum zu den Persönlichkeitsfunktionen gehört, fand es wieder Eingang in die Gestalttherapie.

Zwiebelschalen-Modell der Persönlichkeit

Es wurde bereits erwähnt, dass sich Polster und Polster (2002) gegen das Perls'sche Verständnis vom Selbst wehrten und stattdessen von mehreren

Selbsten, die es zu integrieren gilt, sprachen. Ein ähnliches Konzept von »Anteilen« oder »Schichten« vertritt die Gestalttherapie bzgl. des Konstrukts der Persönlichkeit (s. dazu auch Maragkos 2013). Die Grundidee von Perls war, dass das authentische Selbst, das Kern-Selbst des Menschen, von diesen Schichten umzingelt ist. In der Therapie muss von außen nach innen, in Richtung dieses authentischen Selbst, gearbeitet werden. Folgende fünf Phasen oder Schichten werden bei diesem Prozess unterschieden:

1. *Klischeephase:* Das Verhalten ist nicht durch authentisches Ausleben eigener Wünsche und Bedürfnisse gekennzeichnet, sondern durch unechte Rituale und klischeeartige Verhaltensweisen.
2. *Rollenspielphase:* Geringe Bewusstheit seiner selbst. Auch wenn eigene Gefühle und Bedürfnisse erkannt und empfunden werden, so bestimmen z. T. rigide Rollen und Rollenmuster das eigene Verhalten, besonders dann, wenn die Gefahr droht, intensive eigene Zustände zu empfinden.
3. *Blockierungsphase* (»impasse«): Der Schutz der Klischee- und Rollenspielphase ist nicht mehr existent, es gibt jedoch noch keine wirkliche Alternative. Das Individuum kämpft mit einer sehr intensiven, als existentiell empfundenen Leere.
4. *Implosionsphase:* Mangels Alternativen wird auf Verhaltensweisen zurückgegriffen, die primär nach innen gerichtet und nicht immer der Situation angemessen sind.
5. *Explosionsphase:* Alle Gefühle und Bedürfnisse, die bisher vermieden werden mussten, werden nun empfunden und an die jeweilige Situation angepasst ausgedrückt.

Schicht um Schicht wird der Kontakt zur Umwelt größer, intensiver und authentischer. Gleichzeitig zeigt dieses Modell, wie die Abfolge der Interventionen sein muss. Hartmann-Kottek-Schröder (1983) ergänzt diese fünf Phasen um folgende zwei:

1. *Aufarbeitungsphase:* Die neue Identität wird erlebnismäßig integriert und mit der neuen Realität gibt es eine kognitive Auseinandersetzung.
2. *Verhaltensmodifizierende Schlussphase:* Die neue Identität wird verhaltensmäßig ausgelotet, sie wird erprobt und somit Schritt für Schritt fester.

Exkurs: Das Prozess-Konzept

Überspitzt formuliert, aber deswegen nicht unrichtig, könnte man sagen, für die Gestalttherapie ist alles ein Prozess. In vielen (Lehr-) Büchern ist die Metapher zu finden, man könne nie zweimal in denselben Fluss steigen. Diese ursprünglich von Heraklit (520–460 v. Chr.) und aus seiner »Flusslehre« stammende Metapher bedeutet im übertragenen Sinn, dass alles fließt und nichts gleich bleibt. So einfach dieser Gedanke geäußert und erst einmal akzeptiert werden kann, so weitreichend und tief entpuppt er sich bei genauerer Betrachtung.

Die Sprache vermittelt durch Substantive den Eindruck von Gegenständlichkeit und dadurch eine Art von Beständigkeit. Um bei dem oben schon gewählten Beispiel zu bleiben: »der Fluss«. Das Substantiv hört sich wie eine feststehende Entität an, als ob es »den Fluss« gäbe, als feststehendes Ding. Dabei ist der Fluss ein Paradebeispiel für einen Prozess, für etwas, was ständig in Bewegung ist und niemals stillsteht.

Ein anderes Beispiel: »das Haus«. Auch hier wird durch das Substantiv der Eindruck vermittelt, es handle sich um eine feststehende, sich nie verändernde Entität. Nimmt man jedoch das Haus im Zeitraffer auf und spielt die Aufnahme ab, sieht man sehr deutlich, wie auch das Haus ein Prozess ist. So vergilbt bspw. im Laufe der Zeit die Farbe, die Fassade blättert ab, es setzt sich mehr und mehr ab, etc.

Wie ist es nun mit innerpsychischen Entitäten? Auch hierfür verwenden wir Substantive. Wir sprechen z. B. von »der Psyche«, »dem Gedächtnis«, »dem Gefühl« etc. Auch hier wird dadurch der Eindruck einer – in Wirklichkeit nicht vorhandenen – Beständigkeit suggeriert. Ein Beispiel soll das verdeutlichen: Eine Frau kommt nach einem langen Arbeitstag zurück nach Hause, sieht ihre Kinder und freut sich sehr, sie umarmen zu können. Mit hoher Wahrscheinlichkeit denkt sie nicht darüber nach, ob es »dieselben« Kinder sind, die sie am Morgen desselben Tages verabschiedet hat, sondern nimmt an (auch hierüber wird sie sich wohl keine Gedanken machen), dass dem so ist. Nach gestalttherapeutischer Auffassung stimmt das aber so nicht. Ihr Gedächtnis aktiviert, sobald sie die Kinder sieht, d. h., sobald die

Information vom Auge durchs Gehirn prozessiert wird, die affektiv-kognitiven Muster, welche mit den Kindern assoziiert sind, und »gaukelt« ihr dadurch vor, es seien »dieselben« Kinder wie am Morgen. In Wirklichkeit aber haben die Kinder (und auch die Mutter, das Haus und überhaupt alle Entitäten, die in diesem Beispiel explizit benannt und nicht benannt wurden) einen Prozess durchlaufen. Bspw. sind die Kinder älter geworden, haben heute vielleicht zum ersten Mal das Gefühl des Verliebtseins in sich gespürt, haben zum ersten Mal einen bösen Blick vom bisher immer freundlichen und netten Lehrer erhalten usw. Die Mutter hingegen hatte heute zum ersten Mal den Gedanken, ob es nicht besser wäre, sich von ihrem Mann zu trennen. Als sie in der Cafeteria war, bestellte sie sich einen Espresso, und da es keinen Zucker mehr gab, musste sie ihn ohne trinken. Dabei entdeckte sie zum ersten Mal, wie lecker er trotzdem ist und beschloss, auf Zucker im Espresso von nun an zu verzichten.[11]

Wie Sie, lieber Leser, durch das Lesen dieses Kapitels nicht mehr derjenige sind, der Sie waren, als Sie damit anfingen, haben die Erfahrungen der im Beispiel Beteiligten aus Ihnen jemanden anderes gemacht.

Die meisten Menschen verbringen ihren Alltag nicht mit dieser Haltung, sondern ergeben sich ihren affektiv-kognitiven Mustern, die letztendlich nichts anders sind, als ordnende Schablonen des Gedächtnisses. Staemmler (2009, S. 41) schreibt: »… man wiederholt gewohnte psychische Aktivitäten, und so kommt man sich dann bekannt vor und erliegt der Illusion, es gäbe so etwas Beständiges wie das eigene ›Selbst‹«. Reize, die auf uns treffen (egal ob von innen oder von außen), werden durch diese Schablonen lediglich *katalogisiert*, aber nicht neu

---

11 Man kann es noch weiter spinnen: Die Kollegin, mit der die Mutter in der Cafeteria war, bemerkte das Aha-Erlebnis und nahm sich vor, beim nächsten Mal auch auf den Zucker zu verzichten. Das erzählte sie ihrem Mann, der daraufhin (wieder) wütend auf sie wurde und ihr vorwarf, sie könne nicht anders, als es allen anderen Recht machen wollen usf. Durch diese Art der Betrachtung wird vielleicht klarer, was damit gemeint ist, wenn es in der Gestalttherapie heißt, dass alles mit allem verbunden ist.

erfahren. Anders ausgedrückt: Der Mensch erlebt nicht den steten, sich erneuernden Prozess, sondern punktuelle Stopps. Buber (1965) ging sogar soweit zu schreiben: »Das Psychische ist reiner Prozess in der Zeit.« (S. 162).

Die Gestalttherapie versteht unter Prozess den ständigen Wechsel von einem Bewusstseinszustand in den nächsten und behauptet, psychische Erkrankung ist Ergebnis »krasser« Unterbrechungen dieser Lebendigkeit und zudem, dass es bestimmte Muster gibt, wie der Mensch (»aktiv«) vermeidet, an diesem Prozess teilzunehmen (sog. Kontaktunterbrechungsmechanismen).

3.7 Kontakt, Kontaktfunktionen und Grenze

Kontakt ist das zentrale Konzept, die zentrale Säule der Gestalttherapie. Der Mensch ist ständig in Kontakt mit sich und seiner Umwelt. Wie im Kapitel über »Awareness« bereits erörtert, ist ein bewusstes, nicht blockiertes Erleben dieses Kontaktes ein Zeichen von Gesundheit. Entsprechend sind psychische Störungen Störungen des Kontaktes (i. S. Bubers, der der Auffassung war: »Krankheiten der Seele sind Krankheiten der Beziehung«, Buber 1965, S. 155).

In der Literatur finden sich zahlreiche Zitate, was unter Kontakt nach gestalttherapeutischer Auffassung zu verstehen ist. Kontakt ist …

> »… die Wahrnehmung und Verarbeitung des *anderen*, des Verschiedenen, des Neuen, des Fremden. Er ist *kein Zustand*, in dem man sich befindet oder nicht befindet …, sondern eine *Tätigkeit*.« (L. Perls 2005, S. 109; Hervorhebungen im Original).

> »… vor allem die Bewusstheit von und das Verhalten gegenüber dem assimilierbaren Neuen und die Zurückweisung des nicht assimilierbaren Neuen.« (Perls et al. 2013, S. 25) sowie »… ein Kontakt lässt sich nur dann herstellen, wenn er die Unterstützung Ihrer Gefühle, Ihrer Überzeugung hat.« (Perls 1990, S. 136).

Kontakt kann im Binnenraum, d. h. innerhalb des Organismus geschehen (bspw. Kontakt zu seinen eigenen Wünschen, Impulsen und Bedürfnissen) oder im Zwischenraum, d. h. zwischen Organismus und Umwelt (bspw. einem anderen Organismus). Der etymologischen Bedeutung entsprechend (»contactus« entstammt dem Lateinischen) versteht die Gestalttherapie Kontakt als Berührung im weitesten Sinne – im Binnenraum mit dem jeweiligen Zustand, im Zwischenraum über die so genannten »Kontaktfunktionen« (s. a. Polster und Polster 2002):

- Sehen
- Zuhören
- Berühren
- Sprechen
- Bewegen
- Riechen
- Schmecken

Perls et al. (2013) orientierten sich am Verständnis von Aristoteles, der alle Sinnesorgane als Kontaktorgane verstand, die von der Umwelt »berührt« werden. Beim Sehen wird das Auge vom Licht »berührt«, beim Hören vom Schall, bei der Berührung von der Haptik, beim Sprechen ebenfalls vom Schall, beim Bewegen durch die Gestik/Attitüde, beim Riechen durch die Moleküle in der Luft und beim Schmecken durch das, was in den Mund genommen wird.

Die Kontaktfunktionen drängen nach

> »… Kreation … nach einem Schaffen … von Situationen, in denen man seine eigene Berufung vervollständigen kann, in denen man leben und erfahren kann. Solche Situationen kommen nicht durch ein ›sollte‹ zustande, sondern durch Angst. Und darin, meine ich, liegt vielleicht meine größte Differenz zu den psychoanalytischen Schulen. Für sie sind Angst und Schuld die ›Bazillen‹ der Neurosen, und sie meinen, man müsse es vermeiden, bei den Patienten Angst zu erzeugen.« (Perls 1990, S. 134).

Wie Lore Perls schreibt, ist Kontakt kein Zustand, sondern eine aktive Tätigkeit, ein lebendiger dynamischer Prozess, der von allen Beteiligten Awareness verlangt. Awareness und Kontakt sind miteinander verschränkt und bedingen einander: Ohne das eine kann es das andere nicht geben. Für beide gilt zudem: Ohne Bemühung stellen sie sich nicht ein, aber sie können niemals Ergebnis unseres ordinären Wollens sein. Im Kapitel 3.1 über die Figur-Hintergrund-Bildung ist diese Lebendigkeit, die wirklichen Kontakt auszeichnet, schon angeklungen. Genau genommen ist eben diese Art von Kontakt ein Zeichen von Lebendigkeit, denn nach einem bewusst vollzogenen Kontakt sind die Beteiligten nicht mehr dieselben; durch ihn ist es zu einer lebendigen Veränderung gekommen.

Wo aber ist der Ort, an dem Kontakt stattfindet? Dieser Ort ist die Grenze; dort finden Erleben und Erfahren statt. Gäbe es eine solche nicht, würde keine Begegnung stattfinden, sondern vielmehr eine Verschmelzung, die in der Gestalttherapie als »Konfluenz« (s. u.) bezeichnet wird. Die Grenze hat somit eine Doppelfunktion: Einerseits ist sie der Ort der Begegnung, des Kontakts; andererseits ist sie gleichzeitig der Ort der Separation, der Trennung. »… immer ist dort, wo ich auf das Andere treffe, die Grenze. Dort ist Bewusstheit. Dort ist Erfahrung.« (Perls 1990, S. 130).

Wie im Kontaktgeschehen sind die Prozesse an der Grenze ein Spiegel von Gesundheit oder von Pathologie. Eine gesunde Grenze ist stabil, aber gleichzeitig auch flexibel. Ein in diesem Sinne gesunder Mensch merkt, was er will (was seine Grenze passieren darf) und kann das von dem unterscheiden, was er nicht will (was außerhalb seiner Grenze bleiben muss). Er kann sogar Ausnahmen machen und etwas seine Grenze passieren lassen, obwohl er es nicht will, bspw. ins Kino gehen, obwohl man keine Lust dazu hat, aber eben weiß, dass dies einem Freund viel Freude bereitet.

Eine starre, unflexible oder gar fehlende Grenze ist hingegen Zeichen einer Pathologie. Etwas »muss« immer so und »darf« nicht anders sein. Keine Grenze zu haben bedeutet immer ein Angewiesensein auf das, was von außen mir vorgegeben wird. Gibt es keine Vorgabe, so kann ich auch nicht wissen, was ich will. Wenn ich mit jemandem bspw. essen möchte und meinen Hunger und Appetit (den Kontakt zu meinem inneren körperlichen Zustand) nicht empfinde, bin ich darauf angewiesen, das zu essen, was der andere will oder uns vorgelegt wird.

Nachfolgend werden verschiedene Modelle des Kontaktprozesses vorgestellt.

Der »klassische« Kontaktkreis

Der Kontakt als Prozess durchläuft verschiedene Phasen und bildet dadurch einen Kreis. Der erste Vorschlag eines Kontaktkreises[12] kam von den Begründern der Gestalttherapie selbst (Perls et al. 1951). Neben diesem klassischen Modell gibt es mittlerweile noch weitere, denen der Versuch gemeinsam ist, das Kontaktgeschehen in seinem prozesshaften Ablauf von einem ständigen Figur-Hintergrund-Wechsel darzustellen. M. a. W. der »… Kontaktkreis ist eine ganzheitliche, gegliederte, energetische Gestalt, die ein Ich-Selbst-Feld voraussetzt. Der Kontakt-Erfahrungs-Zyklus beschreibt im Grunde das Selbst in Aktion.« (Hartmann-Kottek 2012, S. 56).

Zwei Aspekte kennzeichnen diesen Prozess:

- seine zeitliche Abfolge und
- eine Veränderung im jeweiligen Energieniveau.

Das klassische Modell von Perls et al. (1979) beinhaltet die folgenden vier Phasen des Kontaktprozesses:

1. *Vorkontakt:* Aus dem Hintergrund (dem Organismus oder der Umwelt) tritt eine Figur hervor. Wie bereits geäußert, können dies ein Gedanke, ein Gefühl, ein Impuls usw. sein. Warum ausgerechnet diese bestimmte Figur zur Figur aus dem Hintergrund heraustritt, hat mit dem Interesse und der Motivlage der jeweiligen Person zu tun. In dieser Phase ist entweder der Körper oder die Umwelt der Hintergrund und der innere Impuls (das innere Verlangen) oder der aus der Umwelt kommende Reiz die Figur.
2. *Kontaktanbahnung:* Vermittelt durch das Ich beginnt der Organismus nach Möglichkeiten Ausschau zu halten, das Bedürfnis zu befriedigen.

---

12 Neben »Kontaktkreis« finden sich zahlreiche weitere Begriffe: Gestaltwelle, Kontakt-Erfahrungs-Zyklus, Kontakt-Rückzugs-Zyklus, Erlebenszyklus, Gewahrseins-Zyklus, Wachstumskreis, Zyklus der organismischen Selbstregulation, Kontaktphasen (s. a. Blankertz und Doubrawa 2005; Hartmann-Kottek 2012).

Hier spielt die Aggression, i. S. der lateinischen Wortwurzel, nämlich des »ad-greddi«, d. h., auf etwas oder jemanden zugehen, eine sehr wichtige Rolle, denn der Mensch muss an die (Um-)Welt herantreten. Dabei wird die Erregung des Verlangens zum Hintergrund; Objekte oder Möglichkeiten um das Bedürfnis zu befriedigen werden zur Figur.
3. *Kontaktvollzug:* In dieser Phase vollzieht sich der Kontakt mit der Umwelt in dem Versuch, die Figur zu befriedigen. Hierbei kommt es zu Wahrnehmungen, Empfindungen, Gefühlen etc. Das Selbst manifestiert sich. Körper und Umwelt werden dabei zum (»uninteressanten«) Hintergrund.
4. *Nachkontakt:* Das Selbst tritt zurück (»verblasst«) und die Figur geht wieder zurück in den Hintergrund. Der Organismus ist jetzt ein anderer und im optimalen Fall haben Reifung und Wachstum stattgefunden. Der nächste Kontaktvollzug steht an und der Organismus ist dazu bereit.

Abbildung 3.1 veranschaulicht den Kontaktzyklus graphisch. Der Kontaktzyklus birgt in sich und vereinigt alle bisher vorgestellten Konzepte der Gestalttherapie; er macht den prozessualen Ablauf der Figur-Hinter-

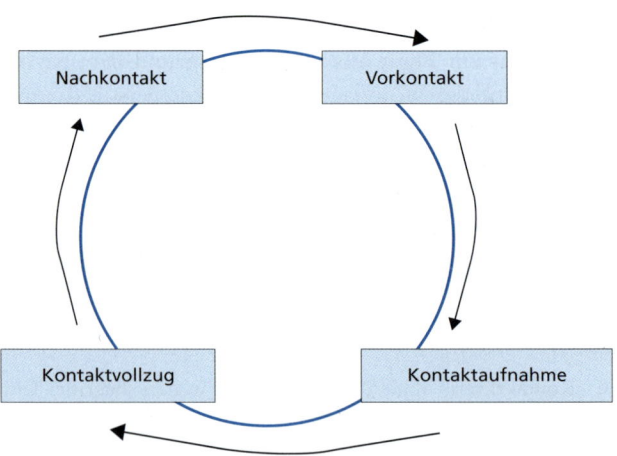

Abb. 3.1: Der »klassische« Kontaktkreis

grund-Bildung deutlich. Er demonstriert dadurch, wie sich eine Figur zu einer Gestalt herausbildet, dass Awareness dazu nötig ist (sich gewahr machen, dass eben jene bestimmte Gestalt sich herausgebildet hat) und durch die in ihm stattfindende Lebendigkeit zeigt er auf, was die Gestalttherapie als »organismische Selbstregulation« versteht. Wie später noch gezeigt wird, ergibt sich aus ihm heraus auch die gestalttherapeutische Störungslehre (▶ Kap. 4.4), denn diese fußt auf bestimmte Unterbrechungen dieses Zyklus.

Ein praktisches Fallbeispiel, welches sich an Zinker (2005) orientiert, soll den Kontaktkreis verdeutlichen:

1. *Vorkontakt:* Ein Mensch sitzt auf seinem Sofa und liest ein Buch. Er bemerkt eine Sinnesempfindung, die er als Hunger interpretiert.
2. *Kontaktaufnahme* (Kontaktnahme): Aus der Empfindung wird Gewahrsein. Er bemerkt, wie sich sein Körper langsam mobilisiert. In ihm entsteht das Bild, wie er aufsteht, in Richtung Küche geht und im Kühlschrank nach Essen sucht. Erregung und Energie breiten sich aus. Der Körper beginnt, sich zu bewegen.
3. *Kontaktvollzug* (Vollkontakt): Das Essen aus dem Kühlschrank gelangt in den Mund, es wird zerkaut und runtergeschluckt. Langsam stellt sich ein Wohlgefühl ein, die Figur (Hunger) wird langsam befriedigt. Der körperliche Zustand verändert sich, es tritt ein Sättigungsgefühl ein, ein Signal, nun bald mit dem Essen aufzuhören.
4. *Nachkontakt:* Die Figur ist befriedigt, das Essen ist gegessen. Desinteresse für die eben noch so interessante Figur stellt sich ein sowie Entspannung und Erholung. Langsam macht sich eine neue Figur bemerkbar: Das Buch, in dem gelesen wurde, tritt wieder hervor sowie das Interesse, darin weiter zu lesen.

Der Erlebenszyklus der Cleveland-School

Zinker (2005) formulierte auf der Basis des beschriebenen Modells von Perls et al. (1979) eine differenziertere Variante des Kontaktprozesses. Diese ist in Abbildung 3.2 veranschaulicht.

3 Zentrale Begriffe und Kernkonzepte, therapietheoretische Grundlagen

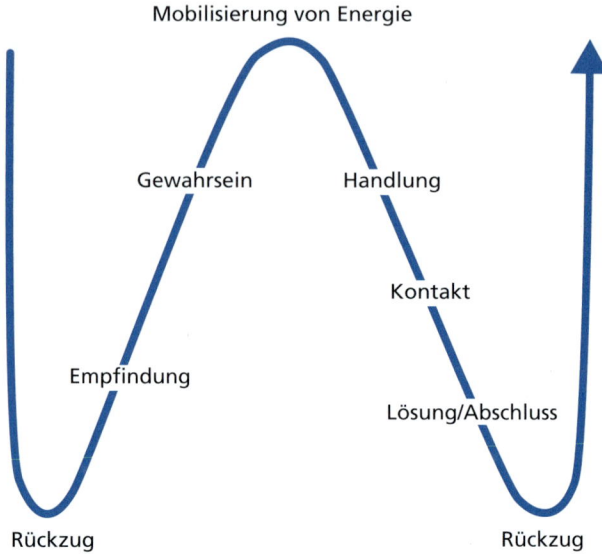

Abb. 3.2: Der Erlebenszyklus (in Anlehnung an: Zinker 2005)

Bei dieser Konzeptualisierung ist der Kontaktverlauf vom Rückzug umrahmt. Dazwischen sind folgende Phasen zu finden:

1. *Empfindung:* Eine – vielleicht erst einmal – unspezifische Empfindung formt sich.
2. *Gewahrsein (Bewusstheit):* Diese Empfindung wird dem Menschen gewahr.
3. *Mobilisierung von Energie:* Er mobilisiert Energie.
4. *Handlung:* Es kommt zu einer Handlung.
5. *Kontakt:* Durch die Handlung wird Kontakt hergestellt.
6. *Lösung/Abschluss:* Der Kontakt ist vollzogen und die Situation ist vollständig.

Der sinusartige Verlauf dieses Modells macht deutlich, dass über den Kontaktprozess hinweg eine energetische Veränderung geschieht. Das Energieniveau fängt mit dem Moment der Empfindung an zu steigen, erreicht in der Phase der Mobilisierung seinen Höhepunkt und nimmt ab

Beginn der Handlung stetig ab, da diese sich von dieser Energie gleichsam »nährt«.

Auch wenn die einzelnen Elemente des Erlebenszyklus aufeinanderfolgend präsentiert werden, darf das nicht darüber hinwegtäuschen, dass es sich dabei nicht um einzelne, abgeschlossen aufeinander folgende Schritte handelt. Der Erlebenszyklus ist als ein Ganzes zu verstehen, dessen einzelne Elemente »immer präsente Elemente im Kontaktprozess« (Traverso 2011, S. 96) sind. Auch wenn es eine logische Ordnung gibt, so gibt es doch gleichzeitig eine Wandlung, je nach dem, welches Element gerade im Vordergrund steht (ebd.).

Die Gestaltwelle

Ein weiteres in der Gestaltliteratur verbreitetes Modell des Kontaktprozesses unterscheidet sechs Phasen und wird nach Zinker (2005) als »Gestaltwelle« bezeichnet (Doubrawa und Blankertz 2010; s. a. Blankertz 2004; Blankertz und Doubrawa 2005):

1. Stadium: *Vorkontakt* – Eine innere Unruhe beginnt und ein Bedürfnis baut sich langsam auf.
2. Stadium: Es wird *Kontakt mit dem eigenen Bedürfnis* aufgebaut.
3. Stadium: *Kontakt mit der Umwelt* (Sehen und Tasten) wird langsam begonnen.
4. Stadium: Kontakt mit der Umwelt wird fortgeführt – es kommt zu Handlungen (»*Aggression*«).
5. Stadium: Kontakt mit der Umwelt wird fortgeführt – es kommt zur *Assimilation/Integration*.
6. Stadium: *Nachkontakt* – Es stellt sich *Befriedigung* ein.

Abbildung 3.3 veranschaulicht diesen Prozess graphisch (s. a. Blankertz und Doubrawa 2005, S. 123).

Blankertz und Doubrawa (2005) erklären die Neukonzeptualisierung des Kontaktmodells aus dem Umstand heraus, dass die zweite Phase im klassischen Modell (»Kontaktanbahnung«) eigentlich aus zwei Schritten besteht, nämlich zunächst die Kontaktaufnahme mit dem eigenen Bedürfnis und im Anschluss die Kontaktaufnahme mit der Umwelt. Dabei

3 Zentrale Begriffe und Kernkonzepte, therapietheoretische Grundlagen

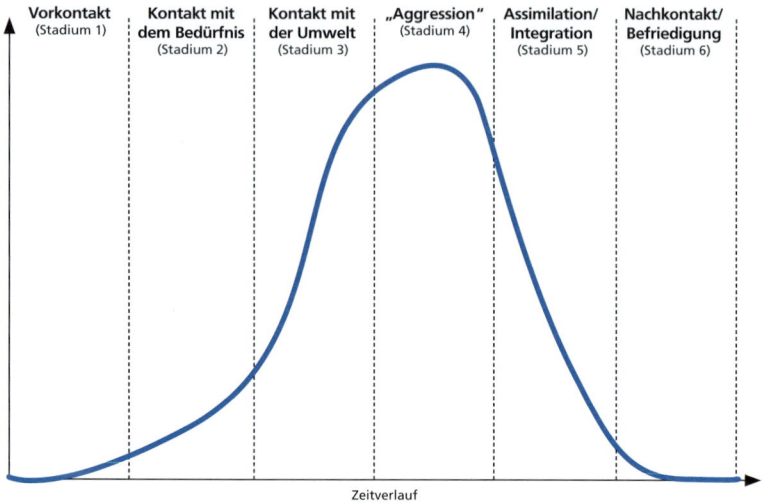

Abb. 3.3: Die Gestaltwelle (in Anlehnung an: Doubrawa und Blankertz 2010; s. a. Blankertz 2004; Blankertz und Doubrawa 2005)

kommt es auch zu einem Wechsel in der Bewegungsrichtung, nämlich vom Selbst in Richtung der Umwelt.

Die Phase des »Nachkontakts« im klassischen Modell wird ebenfalls zweigeteilt: Einerseits in die der Verdauung, Assimilation und Integration, die eher im Hintergrund ablaufen, und andererseits in eine abschließende Phase der Bewertung, in der die eigentliche Befriedigung verortet ist.

Am Beispiel des Hungers erklärt es sich folgendermaßen: Zuerst macht sich eine Unruhe bemerkbar (Stadium 1), die sich beim Individuum, wenn es Kontakt zu diesem Bedürfnis herstellt, als »Hunger« manifestiert (Stadium 2). Daraufhin wird Kontakt zur Umwelt aufgenommen und nach etwas Essbarem gesucht (Stadium 3). Wenn etwas gefunden wird, was dem Appetit entspricht, wird dies gegessen (Stadium 4). Es folgt die Verdauung, während die Substanzen der Nahrung in den eigenen Organismus assimiliert werden (Stadium 5), und abschließend die mit dem Schließen der Gestalt einhergehende Befriedigung (Stadium 6).

Der erweiterte Kontaktkreis

Der erweiterte Kontaktkreis (»Gestalt-Aufbaukreis«; Hartmann-Kottek 2012) ist die modernste Konzeptualisierung des gestalttherapeutischen Kontaktmodells. Es umfasst die folgenden 9 Schritte (ebd., S. 56 f):

1. Phase des *Vorkontakts* (Identifizierung von Ungleichgewicht = Gestalt).
2. Phase des *Suchbildes* (selektiver Wahrnehmungsfilter = Gestalt).
3. Phase der *Suchstrahl-Identität* (ad-greddi = Gestalt).
4. Phase der *Entscheidung* (Entscheidungskonflikt = Gestalt).
5. Phase des *Kontaktvollzugs* (selektive Konfluenz mit dem »Du« = Gestalt).
6. Phase der *»Wir«-Erfahrung* (gemeinsamer Nenner = Gestalt).
7. Phase der *Assimilation* und *Integration* (Neustrukturierung = Gestalt).
8. Phase des *Nachkontakts* (Neufestlegung, Erprobung, Bewertung = Gestalt).
9. Phase der *Indifferenz* (Ruhe und Gleichgewicht, Leerheit = Gestalt).

Abbildung 3.4 gibt eine graphische Darstellung des erweiterten Kontaktkreises wieder.

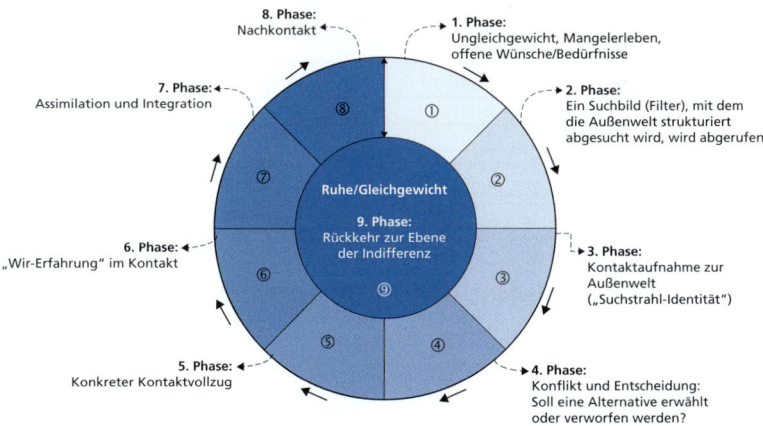

Abb. 3.4: Der erweiterte Kontaktkreis (in Anlehnung an: Hartmann-Kottek 2012, S. 57)

Nach Hartmann-Kottek (2012) ist die Richtung, in der die Phasen durchlaufen werden, entscheidend: Laufen sie im Uhrzeigersinn ab (d. h. in natürlicher Weise), so ist das ein Zeichen von Lebendigkeit und Normalität. Im umgekehrten Fall ist das ein Zeichen von Stagnation und auch von Pathologie.

Zusammenfassung – Modelle des Kontaktprozesses

Abbildung 3.5 fasst alle bisher dargestellten Modelle des Kontaktzyklus zusammen.

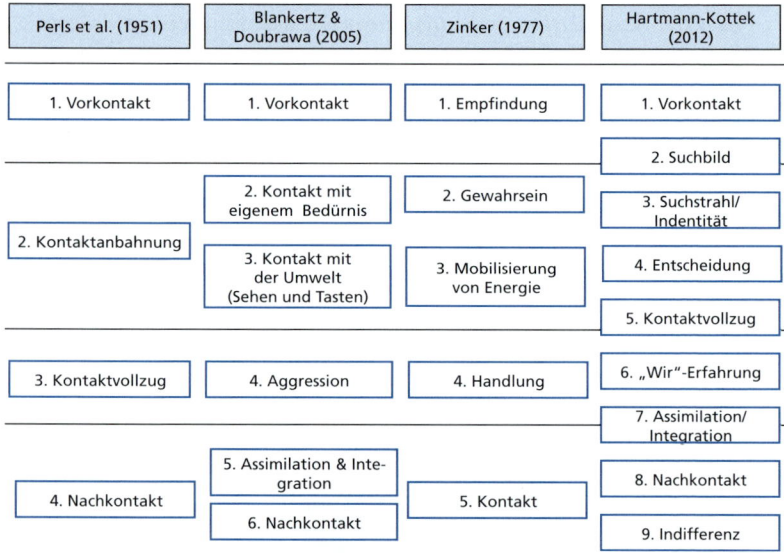

Abb. 3.5: Zusammenfassende Darstellung der gestalttherapeutischen Kontaktmodelle

3.8 Kontaktunterbrechungsmechanismen oder Kontaktstörungen

Die Kontaktunterbrechungsmechanismen (auch Kontakt- oder Assimilationsstörungen genannt) beschreiben die Prozesse, die der Patient einsetzt, um entweder wirklichen Kontakt nicht aufkommen zu lassen oder diesen so zu »manipulieren«, dass er nicht natürlich, sondern in bestimmten Bahnen verläuft bzw. nicht verläuft. Etwas allgemein formuliert, könnte man sagen, die Kontaktunterbrechungsmechanismen verhindern, dass sich der Mensch in seinem jeweiligen Bestand in und mit seiner Ganzheit spürt. Müller (1999) definiert Kontaktunterbrechungen als den »Verlust der Fähigkeit zur bewussten Wahrnehmung und zielgerichteter Intention zu einem Zeitpunkt ..., an dem Wahrnehmung zum Zweck der Assimilierung und Zurückweisung von neuem erforderlich wäre« (S. 654). Entsprechend setzt er den Begriff »Ich-Funktionsverlust« synonym ein.

Kontaktunterbrechungen, oder um mit Wheeler (1993) zu sprechen: »Kontaktstile«, bilden sich im Regelfall in den frühen Jahren aus und stellen durchaus funktionale, z. T. auch schöpferische Anpassungsversuche an die damaligen vermutlich dysfunktionalen Bedingungen dar. Sicherlich haben sie auch dazu beigetragen, dass der betroffene Mensch die damaligen schwierigen Bedingungen, soweit es ihm möglich war, gut hat bewältigen können. Im Laufe der Zeit wurden Kontaktunterbrechungen jedoch zu einer Art »zweiten Natur«. Sie haben die Kindheit überdauert und werden auf eine Vielzahl von Situationen übertragen, ohne diesen inhaltlich zu entsprechen. Aus den ursprünglich schöpferischen Lösungsversuchen wurden auf diesem Wege zum Teil schwere interaktionelle Störungen. Wheeler (ebd.) entwickelt diesen Gedanken weiter und schlägt eine Revision der Kontaktabwehr-Mechanismen vor, in dem er sie nicht nur als negativ (»neurotisch«), sondern auch als gesundheitsfördernd versteht.

Perls schlug ursprünglich – kein Wunder für einen gelernten Psychoanalytiker – vier Kontaktabwehr-Mechanismen vor und beschreibt diese folgendermaßen (Perls 1976, S. 58):

»Der Introjektor tut, was andere von ihm erwarten könnten; der Projektor tut anderen das an, was er ihnen vorwirft; der pathologisch Konfluente weiß nicht, wer wem was tut; und der Retroflektor tut sich selbst das an, was er am liebsten anderen antäte.«

Introjektion

Während die Introjektion – übertragen auf den Prozess der Nahrungsaufnahme – das unzerkaute Herunterschlucken von Nahrung wäre, bezieht sie sich im geistig-seelischen Bereich auf das unüberprüfte Übernehmen von Geboten und Verboten, die in der Folge als eigene erlebt werden. Introjektion ist somit »die Aufnahme unbekömmlichen (oder zumindest unverdauten) Materials, das ... als fremder Bestandteil bestehen bleibt und nicht assimiliert wird.« (Kriz 2014, S. 213). Oder um es mit den Worten von Lore Perls auszudrücken: »Introjektion geschieht immer, wenn man mit etwas zu schnell konfrontiert wird, mit dem man nicht fertig wird und das man nicht assimilieren kann.« (L. Perls 2005, S. 139).

Zum Zeitpunkt ihrer Entstehung war die Introjektion vielleicht sogar überlebensnotwendig: Das »hilflose« Kind übernimmt (vielleicht gezwungenermaßen) Gebote, Verbote etc. der wichtigsten Personen seiner Umgebung unüberprüft und »sichert« sich bzw. etwas dadurch (bspw. Zuwendung, Zugehörigkeit, keine Bestrafung). Anstatt dieses Material in späteren Jahren zu prüfen, das »Brauchbare« von »Unbrauchbarem« zu trennen und so die Introjekte zu assimilieren, werden diese weiterhin als Überlebensstrategie aufrecht erhalten; oft sollen sie eine Gefahr bannen, die nicht mehr existiert.

Ein weiterer »Vorteil« der Introjektion liegt in ihrer Geschwindigkeit: Was introjiziert (d. h. gleich und »unzerkaut« übernommen) wird, muss nicht überprüft werden und dadurch verschwindet es sehr schnell aus der psychischen Welt des Menschen. Eine Auseinandersetzung mit diesem Material wird gleichsam übersprungen, M. a. W. die Person muss nicht Stellung beziehen (s. a. Abram 2013).

Introjekte zeigen sich am einfachsten und am deutlichsten in Man-sollte-, Man-müsste-, Immer- oder Nie-Haltungen. Werden diese hinterfragt (»Warum glaubst Du, dass man immer ... sollte?«), zeigt sich schnell, dass es dafür oft keine nachvollziehbare Erklärung gibt; es handelt sich allein um einen (automatisierten) Glaubenssatz. Dieser Glaubenssatz ist ein (für die Zeit seiner Entstehung sehr wichtiger) Platzhalter; er ist ein Ersatz, der statt der eigenen Erfahrung, dem eigenen Wollen oder Nicht-Wollen, unüberprüft von außen übernommen wurde.

Neben konkreten Introjekten, die sich in Meinungen, Haltungen, Denkarten, Überzeugungen usw. manifestieren, können ganze biographische Grunderfahrungen als »Grundintrojekte« verstanden werden (s. a. Dreitzel 2004). Sie bilden bei Patienten oft den »neurotischen« Hintergrund ihrer aktuellen psychischen Symptomatik.

Die Introjektion gewann für Perls im Laufe seiner eigenen Entwicklung immer mehr an Bedeutung (s. a. Dreitzel 2004). Sie zeigt deutliche Parallelen zum Freudschen Konzept des Über-Ichs. Auf der Gestaltwelle wird sie der Phase 5 zugeordnet.

Projektion

Projektion ist »die Verweigerung jeglicher Aufnahme von Material – sogar von Material, das ursprünglich und eigentlich zum eigenen Organismus gehörte.« (Kriz 2014, S. 213). Diese eigenen Anteile werden als »fremd« und gegebenenfalls ängstigend nach außen projiziert. Diese können dadurch auch nicht assimiliert werden. Der projizierende Mensch hat folglich Schwierigkeiten, zwischen sich und der Außenwelt zu trennen. Damit »hilft« die Projektion, einen klaren Blick zu vermeiden. Der Projektor nimmt somit auch den Anderen (auf den er projiziert) mit (!) dem projizierten Material wahr und nicht so, wie dieser wirklich ist.

Es ist wichtig, Projektion als Prozess zu betrachten, der fehlende Informationen ersetzen kann (s. a. Dreitzel 2004). Demnach ist die Übertragung in der therapeutischen Situation, d. h. das Transferieren von Erfahrungen seitens des Patienten, die er mit seinen wichtigen Bezugspersonen in der Vergangenheit gemacht hat, auf den Therapeuten, auch eine Projektion.

Auf der Gestaltwelle wird sie der Phase 3 zugeordnet (s. a. Abram 2013).

Retroflektion

Bei der Retroflektion werden Impulse auf sich selbst gerichtet. Diese Impulse können bspw. aggressiver Natur gegen sich selbst sein, während die Aggression tatsächlich jemandem anderen gilt. Von einer Retroflektion wird auch gesprochen, wenn ein Impuls, der eigentlich von außen kommen sollte, aus sich selbst heraus kommt (bspw. wenn ein Mensch von seiner Einsamkeit spricht und währenddessen, ohne dass dies ihm gewahr ist, seinen eigenen Arm streichelt). Beiden Bewegungen ist gemeinsam, dass der Akteur stets bestrebt ist, nicht aktiv auf die Umwelt zuzugehen oder diese nach seinen Wünschen zu gestalten (s. a. Dreitzel 2004).

Perls (1991) hat bereits in seiner ersten Schrift die Retroflektion in drei Formen unterteilt (s. a. Dreitzel 2004):

1. Selbsthass,
2. Selbstliebe und
3. Selbstkontrolle.

Während beim Selbsthass der Mensch selbst zum gehassten Objekt wird, gibt er sich – als stets vorhandenes und dadurch zugängliches Objekt – in der Selbstliebe selbst die liebevolle Aufmerksamkeit (im Extremfall: Narzissmus). Die Selbstkontrolle dient dazu, angesammelte und nach außen gerichtete Energie bei sich zu behalten und sich nicht mit ihr zu zeigen.

Eine weitere Form der Retroflektion sind außerdem Schuldgefühle; nachdem bestimmte Aggressionsverbote introjiziert wurden, kommen Schuldgefühle auf, wenn solche »verbotenen« aggressiven Impulse bei sich wahrgenommen werden. Ein Teil dieser aggressiven Energie wird schließlich – i. S. der Retroflektion – gegen sich selbst gerichtet und zwar in Form von Selbstvorwürfen.

Eine Retroflektion kann sogar einer Projektion folgen. Wenn bspw. bestimmtes Material nach außen projiziert wird, jedoch ohne Erfolg, kann eine nachträgliche Retroflektion folgen, bspw. in Form einer Bestrafung oder Ersatzbefriedigung. Eine weitere Variante ist, wenn die Retroflektion einer erfolglosen Introjektion folgt: Durch die Retroflektion wird die eigene Person dafür bspw. bestraft (in Form von Selbstvorwürfen oder autoaggressiven Handlungen).

Die Retroflektion kann auf der Gestaltwelle an zwei Positionen aufkommen: Einerseits auf der Phase 3 und andererseits auf der Phase 6 (s. a. Abram 2013).

Konfluenz

Konfluenz ist das Ergebnis von porösen oder gar fehlenden Grenzen. Anstatt mit der eigenen Grenze die des Gegenübers zu berühren und somit wirklichen Kontakt herzustellen, wird der Verschmelzung, d. h. dem Verlust der eigenen Identität, der Vorzug gegeben. Der konfluente Mensch hat seinen Bezug zu sich, seinen Wünschen und Intentionen verloren. Er ist nicht mehr unabhängig von einem Gegenüber oder er braucht ein Gegenüber, um sich selbst einigermaßen zu empfinden.

Aus energetischen Gesichtspunkten ist Konfluenz mit einem Energiemangel gleichzusetzen. Der Organismus bringt kaum oder wenig Energie auf, um aktiv in Kontakt mit dem Umwelt-Feld zu treten. Bedürfnisse, die aufkommen, werden nur sehr rudimentär und energetisch schwach erlebt. Ihnen fehlt die Energie, um den Kontaktprozess voranzutreiben. In extremen Fällen findet der Kontakt allein in der Phantasie statt (s. a. Dreitzel 2004).

Konfluenz ist allerdings bei Neugeborenen nicht nur ein positiver, sondern auch ein erstrebenswerter Zustand. Da sie nicht ohne die Bezugsperson existieren können, brauchen sie diese und im Kontakt mit ihr entwickeln sie ihre eigenen Grenzen. In späteren Phasen kommt es dann zu einer Individuation, die im besten Falle zu einem eigenständigen Menschen mit eigenständigen Grenzen führt.

Auch die Konfluenz findet sich in der Gestaltwelle auf zwei Positionen: auf der Phase 1 und der Phase 4 (s. a. Abram 2013).

Egotismus und Deflektion

Egotismus[13] bezieht sich auf eine Art der Kontaktunterbrechung, die sich in einer verminderten Fähigkeit oder gar Unfähigkeit zeigt, sich in einen vollen Kontakt fallen zu lassen; sich dem Objekt des Kontakts vollends

---

13 Der Begriff »Egotismus« ist ein schwieriger und zudem ein kritisch diskutierter. Z. T. kann er mit dem der Retroflektion durcheinander gebracht werden (s. a. Dreitzel, 2004), z. T. wird er durch den Begriff des »Narzissmus« ersetzt (ebd.).

hinzugeben. Das Selbst erfährt dabei eine Fixierung, und zwar an dem Ort, an dem es sich gerade befindet: energetisch aufgeladen, aber mit einer nicht durchlässigen Grenze. Leitend ist die Angst, die Kontrolle zu verlieren (s. a. Dreitzel 2004).

Begrifflich verwandt mit Egotismus ist die Deflektion (aus dem Lateinischen »deflectare«, was »abbiegen«, »ablenken« bedeutet) und von Polster und Polster (2003) in die Liste der Abwehrmechanismen eingefügt wurde, während Perls et al. (1979) noch (in einem ähnlichen Sinne) von Egotismus sprechen. Sie beschreiben eine schwerwiegende Kontaktstörung, bei der nahezu jeder Kontakt mit der Außenwelt vermieden wird:

> »Die Deflektion ist eine Methode, sich dem direkten Kontakt mit einem anderen Menschen zu entziehen. Es ist eine Art, den aktuellen Kontakt abzuschwächen. Dies wird durch Weitschweifigkeit erreicht, durch eine übertriebene Ausdrucksweise, dadurch, dass man stets im scherzhaften Ton spricht, dass man den Gesprächspartner nicht direkt ansieht, dass man nie zur Sache kommt, dass man schlechte Beispiele heranzieht, die nichts besagen, dass man höflich statt direkt ist, dass man sich einer stereotypen Sprache bedient, dass man über die Vergangenheit spricht, wo doch die Gegenwart relevant ist, dass man seine eigenen Worte in Frage stellt. Alle diese Deflektionen führen nur dazu, das Leben zu verwässern.« (Polster und Polster 2003, S. 97).

Beim Deflektor prallt somit jeder Kontakt einfach ab.

Welche Potenz in der Deflektion als Kontaktunterbrechungsmechanismus steckt, zeigt sich durch den Umstand, dass sie in der Gestaltwelle in vier Phasen auftreten kann: In der Phase 1, wo schon der aufkommenden Unruhe ausgewichen wird; der Phase 2, wo der Kontakt zum eigenen Bedürfnis abgelenkt wird; der Phase 3, wo der Kontakt mit der Umwelt in Form von Sehen und Tasten nicht aufgenommen wird, und abschließend in der Phase 4, wo Kontakt mit der Umwelt in Form von Handlung und Aggression nicht entsteht bzw. nicht bis zum Ende vollzogen wird; s. a. Abram 2013).

Abschließendes zu den Kontaktunterbrechungsmechanismen

Die Kontaktunterbrechungsmechanismen können nun auf eine interessante Weise mit bestimmten Phasen der Gestaltwelle assoziiert werden (▶ Abb. 3.6).

3.8 Kontaktunterbrechungsmechanismen oder Kontaktstörungen

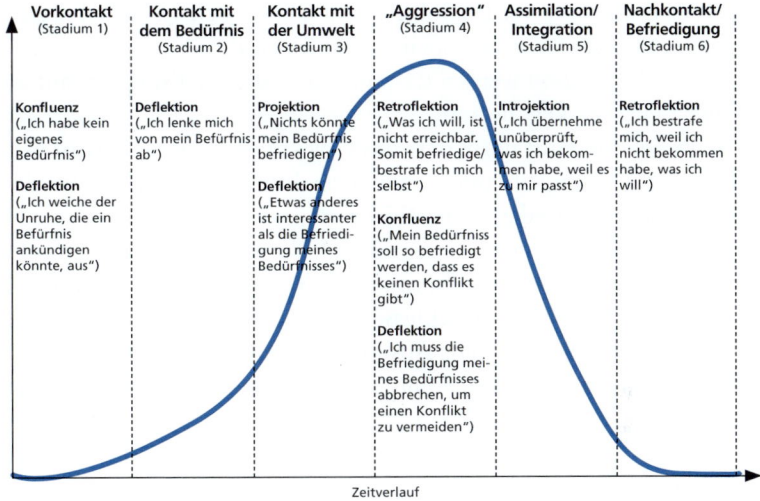

Abb. 3.6: Verortung der Kontaktunterbrechungsmechanismen zu bestimmten Phasen der Gestaltwelle (in Anlehnung an: Blankertz 2004[14], o. S.)

Dreitzel (2004) weist auf den Umstand hin, dass sich die fünf Haupt-Kontaktunterbrechungsmechanismen nicht auf der gleichen Ebene befinden, wie es im Erstlingswerk von Perls et al. (1979) den Anschein hat. Demnach werden Projektion, Retroflektion und Introjektion als psychisches Geschehen durch beobachtbare Verhaltensweisen in Gang gesetzt und aufrechterhalten (auch wenn sie ohne Absicht und Gewahrsein ablaufen), während es bei der Konfluenz und dem Egotismus »um Schwächen und Defizite in der je individuellen Kompetenz zur Ausbildung der Kontaktgrenze« (Dreitzel 2004, S. 50) geht. Letztere durchziehen den gesamten Kontaktprozess.

Eine ähnliche Zusammenfassung der Abwehrmechanismen von Perls findet sich bei Blankertz und Doubrawa (2005):

---

14 S. a. http://www.gestalt.de/blankertz_gestalttypen_indikator_gti.html (Zugriff am 06.03.2016).

- Bei der *Deflektion* werden Subjekt und Objekt gleichermaßen negiert; ersteres nimmt weder sich noch das Objekt wahr.
- Bei der *Introjektion* werden das Subjekt und seine Fähigkeit, auf das Objekt einzuwirken, negiert.
- Die *Projektion* führt dazu, dass das Objekt negiert wird; es wird nicht als solches wahrgenommen, sondern durch etwas, was aus dem Subjekt kommt (und auf das Objekt projiziert wird) ersetzt.
- Ein Negieren der Differenz zwischen Subjekt und Objekt ist die *Konfluenz*. Die Grenzen zwischen ihnen vermischen sich; beide werden eins.
- Bei der *Retroflektion* abschließend wird die Beziehung zwischen Subjekt und Objekt negiert. Anstatt auf das Objekt zu wirken, wirkt das Subjekt auf sich selbst. Somit wird das Subjekt zu (seinem) Objekt.

3.9 Widerstand

Die Gestalttherapie vertrat bereits seit ihren Anfängen ein dialektisches Verständnis gegenüber dem Konzept des Widerstands und maß diesem eine besondere Bedeutung bei. Für einige Autoren ist sie sogar »im Kern eine Widerstandsanalyse« (Kriz 2014, S. 217). Einerseits verhindert der Widerstand, bspw. mit Hilfe der Kontaktunterbrechungsmechanismen, den Kontaktprozess. Auf der anderen Seite aber ist Widerstand an und in sich logisch, hilfreich und sinnvoll, weil dadurch eine erneute Konfrontation mit bestimmten, meist ängstigenden Erfahrungen aus der Vergangenheit erfolgreich verhindert werden kann.

Perls betont diese Dialektik wie folgt:

> »Wir können unseren Patienten nicht gerecht werden, solange wir die Dialektik des Widerstandes nicht erkennen. Das dialektische Gegenteil des Widerstandes ist Beistand. Die gleiche Festung, die dem Angreifer widersteht, unterstützt den Verteidiger. In diesem Buch können wir den Ausdruck ›Widerstand‹ beibehalten, da wir im Grunde Feinde der Neurose sind ... Man darf aber nicht vergessen, dass wir nur dann erfolgreich mit den Widerständen umgehen können, wenn wir die Tatsache, dass der Patient seine Widerstände als ›Beistand‹ ansieht, richtig würdigen.« (Perls 1991, S. 183).

3.9 Widerstand

Widerstand kann »aktiv« oder »passiv« sein. Aktiver Widerstand zeigt sich in der aktuellen Interaktion. Der Patient kann sich bspw. gegen eine bestimmte Intervention des Therapeuten wehren, indem er ihm widerspricht oder direkt seinen Widerstand ausdrückt. Die passive Form des Widerstands hingegen läuft innerlich ab. So, als ob man versuchen würde, einem bestimmten inneren Prozess auszuweichen, ihm eine andere Richtung zu geben, als die, die er natürlicherweise nehmen würde. In extremen Fällen zeigt sich der innere Widerstand durch eine innerliche Vermeidung bzw. Erstarrung.

Im Verständnis des Widerstandes zeigt sich ein sehr deutlicher Unterschied zwischen Gestalttherapie und klassischer Psychoanalyse. Letztere versteht Widerstand als einen Abwehrmechanismus. Die Gestalttherapie hingegen versteht Widerstands als Störung bzw. Unterbrechung des Kontakts. In den beiden Begriffen (»Abwehrmechanismus« vs. »Kontaktstörung«) zeigt sich ebenso deutlich das unterschiedliche Verständnis: einem Abwehrmechanismus entspricht etwas Passives; dieser passiert. Eine Kontaktstörung hingegen entspricht etwas Aktivem. In diesem Falle wird aktiv ein Kontakt durch eine bestimmte Strategie vermieden. Auch in diesem Konzept versteckt sich die »Verantwortlichkeit« (▶ Kap. 3.10) des Patienten: Dieser ist für die Art und Weise, *wie* er Kontakt herstellt und diesen *verhindert* verantwortlich und zwar – wie bereits erläutert – nicht i. S. von Schuld, sondern i. S. von aktiver Intention, d. h. Absicht, auch wenn diese nicht im herkömmlichen Sinne als »bewusst« bezeichnet werden kann.

Das Zitat von Perls in Bezug auf sein Verständnis des Widerstands zeigt auch sein Verständnis gegenüber der »Neurose« allgemein: Demnach ist die Neurose nichts anderes als ein »Verteidigungsmanöver« und kommt dann zum Einsatz, wenn eine bestimmte innere Bedrohung, bspw. durch emotionale Zustände, die nicht zugelassen werden können, zu stark wird. Ist dies der Fall, versucht der Organismus den Kontaktvollzug an den Grenzen zu manipulieren, indem er eine oder mehrere der Kontaktvermeidungs-Mechanismen einsetzt.

Vielleicht als erste Therapieform überhaupt hat die Gestalttherapie den Widerstand, in seiner für den Patienten subjektiven Sinnhaftigkeit gewürdigt. Anstatt ihn als negativ zu betrachten, hat sie stets betont, dass Widerstände an sich sehr sinnvoll und zum Teil sehr kreative Lösungsversuche des Patienten sind, um mit in der Vergangenheit widrigen Situationen fertig zu werden. Lore Perls (2005a, o. S.) sagt in einem Interview Bezeichnendes:

> »Wir sollten Widerstand nicht als etwas Negatives betrachten, sondern vielmehr als etwas, dem man sich zuwendet – wie in der chinesischen oder der japanischen Körperarbeit. Die Grenzen zu spüren heißt auch, die Freiheit zu entdecken, die man innerhalb dieser Grenzen hat. Hätte ich wirklich große Hände, dann hätte ich wahrscheinlich sehr viel Schumann und Brahms gespielt und sehr viel weniger Bach und Mozart.«

Widerstände können in dem Sinne negativ betrachtet werden, da die Umstände ihrer Herausbildung in der Vergangenheit liegen; aber dadurch, dass sie ohne Überprüfung aus der Vergangenheit in die Gegenwart transferiert werden, verlieren sie eben genau diese Sinnhaftigkeit, die ihnen damals zu eigen war. Es wurden aus ihnen Relikte, die einen glücklichen Lebensvollzug in der Gegenwart verunmöglichen.

3.10 Verantwortung

Das Konzept der Verantwortung hat in der Gestalttherapie einen besonderen Stellenwert, denn es ist mit ihren existentialistischen Wurzeln assoziiert. Eine Reihe von Existenzphilosophen, bspw. Martin Heidegger, Henri Bergson, Jean-Paul Sartre, haben sich mit dem Umstand auseinandergesetzt, dass der Mensch keine Wahl hatte, an diesem Leben teil zu nehmen. Die Existenzphilosophen sprechen in diesem Zusammenhang davon, ins Leben »hineingeworfen« worden zu sein. Dieser Gedankengang könnte als fatalistisch bezeichnet werden, doch die Existenzphilosophen haben auch eine Art von Lösung vorgeschlagen: Wir haben die Wahl – und somit die Freiheit – wie wir dieses Leben leben wollen. Aber auch dieses »wie« ist nicht wirklich eine Wahl, denn wir besitzen zwar die Möglichkeit, uns zu entscheiden, wie wir leben wollen, aber wir haben keine Wahl, ob wir uns entscheiden oder nicht; die Entscheidung selbst ist keine Wahl, sondern ein Muss, denn auch wenn man sich nicht entscheidet, entscheidet man sich, nämlich, sich nicht zu entscheiden.

In diesem Sinne meinen die Existenzphilosophen, dass der Mensch frei und zugleich verantwortlich ist, in Bezug auf und für seine Existenz. Wird die Reaktion des Menschen auf das, was die Welt ihm anbietet, als »Antwort« (s. a. Butollo und Hagl 2003; Butollo und Karl 2014; Staemmler 2009; Maragkos 2010) verstanden, so kann man formulieren, die Bedingungen der Welt schreiben einem Menschen vor, »*worauf* man zu antworten hat, nicht jedoch, *was* man antwortet und in welcher *Form* man das tut.« (Staemmler 2009, S. 33; Hervorhebung im Original).

Auf diese Art ist »Ver-Antwort-ung« zu verstehen, die von der Gestalttherapie so sehr betont wird. Der Mensch ist eingeladen, sich dieser zu stellen und aus seinen Bedingungen das Beste zu machen. Die Entscheidungen, mit Hilfe von Widerstand bestimmte Erfahrungen nicht nochmal erleben zu müssen, von denen im vorletzten Absatz die Rede war, wurden von ihm auch mit dieser Verantwortung getroffen; auch wenn er sich damals dessen nicht bewusst war, dass er sich dafür »entschieden« hat, sich mit psychischen Symptomen auszuhelfen.

Entscheidet sich bspw. ein Kleinkind dafür, seine eigenen Wünsche nicht zu äußern, sondern sie denen seiner Bezugspersonen zu unterstellen, damit es weiterhin deren Zuneigung bekommt, dann ist das eine Entscheidung. Sie ist niemals »schlecht«, sondern immer »gut«. Für das Kind in diesem Beispiel geht es um seine Existenz. Es merkt, wie sehr es auf die Zuneigung seiner Bezugspersonen angewiesen ist, und opfert dieser seine eigenen Wünsche. Vor diesem Hintergrund ist diese Entscheidung »gut«, denn sie sichert auch weiterhin seine Existenz. Problematisch wird die Entscheidung dadurch, dass sie vom Kleinkindalter in das Erwachsenenalter unüberprüft übernommen wurde, wo sie ihre adaptive Funktion schon längst verloren hat. Auf diese Weise greift und bestimmt seine Vergangenheit seine Gegenwart. Teil der Therapie ist es, dieses »Manöver« in seiner Notwendigkeit als »Organisationsprinzip von Erfahrung« anzuerkennen und sich als jemanden, der auf selbiges hat zurückgreifen müssen, und zu sich selbst zu bekennen.

3.11 Topdog vs. Underdog

Die Bezeichnungen »topdog« und »underdog« entstammen wohl der Holzfällersprache (s. Blankertz und Doubrawa 2005, S. 291 ff). »Dog« meinte nicht einen Hund, sondern eine Aufhängevorrichtung für das Fällen von Baumstämmen. Aufgrund der Art, wie die Säge geführt wurde, musste sich jemand hinlegen und Widerstand bieten (underdog), während ein weiterer Holzfäller-Kollege von oben arbeitete (topdog). Erst später im 19. Jahrhundert wurde aus dem Wortteil »dog« ein »Hund« und damit verändert sich auch der Sinn des Wortes, nämlich zu jemandem, der in der gesellschaftlichen Hierarchie weiter unten stand und dadurch Unterdrückung und Unrecht ausgesetzt war.

Perls verband mit dem Begriff des »Topdog« Aspekte wie Gewissen, Kontrolle, Verfolger und Autorität. Der »Underdog« hingegen war assoziiert mit den Attributen Opfer, Machtlosigkeit, Kontrollierter (s. a. Blankertz und Doubrawa, 2005). Während der Topdog an das Freudsche Über-Ich erinnert, mutet der Underdog an, als wäre er das Es. Dies ist jedoch so nicht richtig, denn während das Es als unbewusst verstanden wird, ist das beim Underdog nicht der Fall. Dabei verstand Perls die Begriffe nicht wie im landläufigen Sinne, nämlich dass der Topdog gewinnt, während der Underdog verliert – ganz im Gegenteil. In seinem Verständnis ist es genau umgekehrt: Es gewinnt der Underdog, während der Topdog verliert. Es handelt sich somit um das Bild eines Aufstands der Sklaven (underdogs) gegen die Herren (topdogs; ebd.).

Der Topdog macht dabei sozialkonforme Vorgaben und Standards, die mit einem »Sollte« und/oder »Müsste« anfangen. Oft sind diese von der Person introjiziert, d. h., unüberprüft übernommen worden. Der Underdog ist hingegen stets bereit, nicht zu können, zu versagen, sich zu entschuldigen, warum die Vorgaben des Topdogs nicht oder gerade jetzt nicht erfüllt werden können. Nicht selten bedient er sich dabei der Sabotage, nur unglücklicherweise ist es ein Teil von seinem eigenen Selbst, den er dabei hintergeht.

Es klingt schon an, dass es sich hierbei um Anteile innerhalb derselben Persönlichkeit handelt. Typisch für die Gestalttherapie ist, wie sie therapeutisch damit umgeht. Meistens werden diese beiden Anteile – in der spezifischen Art und Weise, wie sie beim jeweiligen Patienten ausgeprägt sind – in einen Kontakt zueinander gebracht, vielleicht mit der Methode des Zwei-Stuhl-Dialogs (▶ Kap. 5.2). Das Ziel dabei wird sein, beide Teile besser in ihren Motiven und Absichten kennen zu lernen, sie dadurch besser zu verstehen und letztendlich im Idealfall sie miteinander zu versöhnen, M. a. W. sie zu integrieren.

3.12 Was ist nun Gestalttherapie?

Nachdem nun die zentralen Begriffe und Konzepte der Gestalttherapie etwas eingehender dargestellt und erklärt wurden, kann die Definition von Gestalttherapie, wie sie Yontef (1993) versucht hat, besser verstanden werden. Danach ist Gestalttherapie durch folgende drei Prinzipien gekennzeichnet (s. a. Traverso 2011):

1. durch eine phänomenologische Grundhaltung
2. durch ihre Begründung im dialogischen Existentialismus
3. durch die in der Feldtheorie gegründete Gestalt.

Hier endet nun der erste, einleitende Abschnitt dieses einführenden Buches. Wäre dieses Buch eine Mahlzeit, der Autor der Gastgeber und die Leser die Gäste, dann sind wir nun mit der Vorspeise fertig. Hoffentlich hat diese gemundet und den Appetit auf den nächsten Gang angeregt!

4 Kernelemente der Diagnostik

Etymologisch stammt der Begriff Diagnose aus dem Griechischen, setzt sich aus den beiden Wörter *diá*, was »durch«, und *gnosis*, was »Wissen« oder »Erkenntnis« bedeutet, zusammen und kann als »erkennen«, »unterscheiden«, bzw. »Prozess des Unterscheidens« oder »Prozess des Erkennens« übersetzt werden. In der Klinischen Psychologie/Psychotherapie/Psychiatrie hat Diagnose unterschiedliche Bedeutungen. Im Sinne einer »klassifikatorischen« Diagnostik wird sie mithilfe der ICD-10 (WHO 2000) oder DSM-5 (APA 2015) betrieben, wobei es darum geht, die Beschwerden des Patienten in Symptome zu übersetzen und schließlich einer bestimmten Diagnose zuzuordnen. Dahinter steht die Idee einer so genannten »Prototypendiagnostik«, d.h. die Annahme, es gäbe einen Patienten, bei dem die Diagnose und die dazugehörigen Symptome in »idealer« Weise vorliegen. Die Symptome eines Betroffenen werden mit denen des jeweiligen prototypischen Patienten übereinander gelegt und das Ausmaß der Ähnlichkeit wird bestimmt. Wird ein bestimmter Punkt (cut-off) erreicht, wird davon ausgegangen, dass die Diagnose vorliegt. Diagnostiziert werden somit stets Symptome und nicht deren Träger.

Diese Art der Diagnostik ist im deutschen Gesundheitssystem obligatorisch. Psychologische Psychotherapeuten aller aktuell anerkannten Psychotherapieverfahren (psychoanalytisch begründete und Verhaltenstherapie) vergeben bei ihren Patienten eine solche Diagnose – inhaltlich für eine gezielte Therapieplanung, formal, damit die Kosten von der Krankenkasse übernommen werden.

Um jedoch dem eigenen schulenspezifischen Ätiologie- und Therapieverständnis ebenfalls gerecht zu werden, finden meistens ergänzende, verfahrensspezifische diagnostische Prozeduren Anwendung. Dabei steht den psychoanalytisch begründeten Verfahren bspw. die Operationalisierte Psychodynamische Diagnostik (Arbeitskreis OPD 2014) und der Kognitiven Verhaltenstherapie das SORK-Modell, die vertikale und horizontale Verhaltensanalyse (s. a. Kanfer et al. 2012) bzw. das BASIC-ID (Lazarus 2005) zur Verfügung.

In Bezug auf die Gestalttherapie verhält sich die Lage etwas anders. Der folgende Abschnitt beschreibt deren schwieriges Verhältnis zur Diagnostik.

4.1 Diagnostik in der Gestalttherapie

Die Beziehung zwischen Gestalttherapie und klassischer klinisch-psychologischer Diagnostik ist eine konfliktär-schwierige (s. a. Dreitzel 2004; Höll 2004; Hutterer-Krisch und Amendt-Lyon 2004; Kriz 2014a; Müller 1999; Petzold 1993; Staemmler 1999; Staemmler 2014). Nicht zuletzt ist das im Selbstverständnis der Gestalttherapie begründet, dem die Idee einer bewertenden Taxonomie völlig widerspricht. Zudem betrachtet die Gestalttherapie den Therapeuten selbst als das wichtigste diagnostische Instrument (s. a. Dreitzel 2004). Die Art und Weise, wie er Beziehung zu seinem Patienten herstellt, welche Interaktionen dabei möglich und unmöglich, schwierig und leicht (vielleicht zu leicht) sind, das ist die Prima Materia, aus der sich seine Diagnostik speisen wird. Das macht es der Gestalttherapie – nachvollziehbarerweise – schwer bis unmöglich, sich dem Diktum einer strengen, verallgemeinernden, klassifikatorischen Diagnostik à la ICD-10 (WHO 2000) und DSM-5 (APA 2015) zu unterwerfen.

Dabei mutet die Auffassung der Väter der Gestalttherapie über Diagnostik weit differenzierter an, als die der späteren Schüler und Autoren. So stellen Perls, Hefferline und Goodman in ihrem Erstlingswerk nicht nur zwei diagnostische Modelle vor (ein Prozessmodell auf Basis des Kontaktzyklus und ein Modell des Selbst (▶ Kap. 3.6 ▶ Kap. 3.7), sondern betonen auch: »Diagnose und Therapie sind ein und derselbe Prozess« (Perls et al. 2013, S. 311). Weiterhin heißt es dort, Diagnostik sei zu verstehen« als eine notwendige und vorläufige Orientierungshilfe im Fluss und Gewirr des Gegenwärtigen, wobei es aber darauf ankommt, als Therapeut nicht seine eigene Norm durchzusetzen, sondern dem Patienten seine Möglichkeiten entfalten zu helfen und [ihn] seine Begriffe finden zu lassen« (ebd. S. 241 f). Sie gingen sogar soweit, von »Charakteren« oder »Typologien« zu sprechen (s. a. Müller 1999), wobei sie aber die Annahme vertraten, ein Patient *sei* kein bestimmter Typus, sondern dass er eine Reihe von Typen *habe*. Diese seien »ein wertvolles Mittel zum Leben, wenn es nur in Fluss bleibt« (Perls et al. 1979, S. 243). Gleichzeitig vertraten nicht alle Gründerfiguren diese Auffassung. Die Mitbegründerin der Gestalttherapie, Lore Perls, formulierte selbst grundsätzliche Bedenken gegen eine Diagnostik (L. Perls 1988; s. a. Hutterer-Krisch und Amendt-Lyon 2004, S. 154).

Zusammengefasst kann die gestalttherapeutische Kritik an der klassisch-taxonomischen Diagnostik wie folgt beschrieben werden (s. a. Dreitzel 2004; Heinzmann 2004; Staemmler 2014):

- Während das Hier-und-Jetzt-Prinzip für die Gestalttherapie zentral ist, sie sich als prozess-erfahrungsorientiertes Verfahren versteht, welches die Individualität eines jeden Patienten in seinen aktuellen und vergangenen biopsychosozialen Bedingungen und des jeweiligen Kontaktes zwischen ihm und seinem Therapeuten betont, funktioniert die klassische taxonomische Diagnostik nach dem Immer-und-Überall-Prinzip;
- Therapeut und Patient sind in der Gestalttherapie gleichberechtigt (intersubjektives Grundverständnis), während die übliche diagnostische Situation einen Diagnostiker (Subjekt) und einen zu Diagnostizierenden (Objekt) voraussetzt (Ein-Personen-Psychologie) mit einem ihr immanenten Machtgefälle; diese Trennung in Subjekt und Objekt entspricht eher einem cartesianisch-kantischen Verständnis, dem die Organismus-Umweltfeld-Konzeption (Müller 1999) der Gestalttherapie entgegensteht;
- klinisch-psychologische Diagnostik ist primär auf Störungen und Mängel (i. w. S.) und somit am medizinischen Modell angelehnt, während die Gestalttherapie auf die Ressourcen, Möglichkeiten und das schöpferische Potential des Patienten ihren Fokus legt.

Heinzmann (2004) bringt es etwas pointiert auf den Punkt, wenn er die Gestalttherapeuten bzgl. ihrer Haltung gegenüber Diagnostik in zwei Gruppen einteilt: die »Realos« und die »Fundis«. Während Erstere (u. a. Dreitzel 2004; Müller 1999; Petzold 1993) schulenübergreifend denken und handeln, neben ihrer Gestalttherapie-Ausbildung auch über Zusatzqualifikationen verfügen und sich für die offizielle Anerkennung der Gestalttherapie einsetzen, zeichnen sich Letztere (u. a. Staemmler 1989, 1999a, 2014) durch eine Verpflichtung dem »Gestalt-Erbe« (Heinzmann 2004, S. 14) und der anarchistischen Tradition gegenüber aus. Entsprechend legen sie weniger Wert auf eine Anerkennung seitens bestimmter Organisationen, Institutionen oder Einrichtungen. Eine klassische Diagnostik wird zudem abgelehnt, häufig mit etwas theatralisch anmutenden Slogans wie »Etiketten sind für Flaschen, nicht für Menschen« (Staemmler 1989; s. a. Staemmler 2009). Das diagnostische Etikett zwinge den Patienten in eine Schublade, würde sein Menschliches reduzieren, das Prozessuale im Kontakt konterkarieren, und im schlimmsten Fall identifiziert sich sogar der Patient mit diesem Label, das es ihm so leicht macht, die Verantwortung für seine Schwierigkeiten und Symptome auf selbiges zu projizieren (s. a. Staemmler 1993).

Naranjo (1996, S. 244) hat schon vor fast 20 Jahren einen Versuch unternommen, diese diagnostischen Polaritäten zu integrieren:

> »Wir leben in einer Zeit, in der die Leidenschaft der Diagnostik schon leicht passé ist, möglicherweise durch den Missbrauch, der in der postkraepelinischen Ära getrieben wurde, in der die diagnostische und taxonomische Leidenschaft an die Stelle eines lebendigen Verständnisses und der Fähigkeit, den Patienten zu verstehen, getreten war. Als Reaktion darauf hat es eine schwunghafte Gegenbewegung gegeben mit dem Inhalt, dass es angesichts des aktuellen persönlichen und interpersonellen Prozesses besser ist, improvisierend zu arbeiten, mit so wenig Voreingenommenheit wie möglich – auch im diagnostischen Bereich. Ich glaube, dass diese ›romantische‹ Haltung in der Psychotherapie einen gesunden Gegenpol zu einem übertriebenen »Klassizismus« gebildet haben könnte, und doch sollte er nicht zu einem Kult gemacht oder zum Dogma erhoben werden. Wir können phänomenologisch und intuitiv verfahren und dennoch eine theoretische Perspektive haben (und von ihr profitieren). Anders gesagt, wir können von einer generalisierten Erfahrung profitieren, ohne von unseren Vorurteilen geblendet zu werden.«

Erst vor kurzem hat Kriz (Kriz 2014a) einen weiteren Integrationsversuch unternommen und zwar in einem sehr lesenswerten, kritisch und gleichzeitig sehr differenziert verfassten Artikel über die Diagnostik in der Humanistischen Psychotherapie. Darin bezeichnet er die »Unterstellung«, die Humanistische Psychotherapie lege keinen Wert auf Diagnostik bzw. würde diese sogar ablehnen, als »unsinnig und nicht zutreffend« (ebd., S. 13). Leider haben diese Bemühungen keine Früchte getragen, so dass die Gestalttherapie bis heute kein eigenständiges und umfassendes diagnostisches Modell hat.

4.2 Modelle einer gestalttherapeutischen Diagnostik

Zahlreiche Autoren haben sich allerdings bemüht, etwas mehr Klarheit und Struktur ins Dickicht der gestalttherapeutischen Diagnostik zu bringen. Hierbei sind u. a. Beaumont (1988), Besems und van Vugt (1996), Delisle (1991), Harris (1992), Hutterer-Krisch (1999), Melnick und Nevis (1992, 1997), Müller (1999), Staemmler (1993), Votsmeier (1988) zu nennen. Nicht unerwähnt sollen natürlich auch die Arbeiten von Yontef (1987, 1988) bleiben, in denen er sich für eine Öffnung der Gestalttherapie für diagnostische und psychoanalytische Begriffe und Betrachtungsweisen einsetzt und damit wesentlich zu einer kritischen Diskussion dieser Thematik in der Gestalt-Community beigetragen hat.

Hinsichtlich der Frage, wie die verschiedenen Modelle sinnvoll kategorisiert werden können, schlägt Staemmler (1999) eine hilfreiche Aufteilung vor:

a) konventionell-klassifikatorisch,
b) gestalttherapeutisch-klassifikatorisch und
c) dialogisch-prozessual.

Während sich Erstere an der gängigen klassifikatorischen Diagnostik (ICD/DSM) orientieren, ergänzen die Zweitgenannten diese um gestalttherapeutische Theorie und fügen die bereits dargestellten (▶ Kap. 3.7)

Elemente des Kontaktzyklus (Perls et al. 2013) bzw. den Erfahrungszyklus (Zinker 2005) hinzu, denen sie an bestimmten Punkten im Ablauf spezifische diagnostische Kategorien zuordnen. Der zuletzt genannte dialogisch-prozessuale Ansatz hingegen wurde von Staemmler entwickelt und verzichtet vollständig auf konventionelle Diagnostik. Staemmler (1999) selbst hält ihn als Kommunikationsmittel mit den Krankenkassen für gänzlich ungeeignet.

4.3 Gestalttherapeutische Diagnostik: Definition und Prozessmodell

Die Gestalttherapie vertritt – wie die Humanistische Psychotherapie als Ganzes – eine ganzheitliche Sichtweise des Menschen. Sie geht davon aus, dass eine psychische Störung bei einem bestimmten Patienten eine einmalige Konstellation ist, eingebettet in dessen wiederum einmalige Lebenssituation, seiner persönlichen Entwicklungsgeschichte, die natürlich auch genetische Einflüsse enthält, und seiner aktuellen bio-psycho-sozialen Umwelt (s. a. Kriz 2014a).

Müller (1999) versucht sich an einer Definition von Diagnostik aus gestalttherapeutischer Perspektive und schlägt folgende vor: »Die Wissenschaft von den ununterscheidbaren Verhaltensarten und Erlebnisweisen bei Kontaktunterbrechung (Blockierung, Verdrängung u. a.) auf dem Weg zur schöpferischen Anpassung.« (S. 654). Staemmler (2014) trägt zudem folgende Kriterien für eine gestalttherapeutische Diagnostik bei. Demnach muss sie

1. die Einzigartigkeit des Patienten,
2. den phänomenologischen Ansatz,
3. den Prozesscharakter des psychischen Geschehens,
4. den Zwischenraum zwischen Therapeut und Patient (n. Buber 1984) und schließlich
5. den Umstand berücksichtigen, dass Diagnostik bereits Bestandteil der Therapie ist.

Des Weiteren schlägt Staemmler (1999, 2014) zwei Dimensionen einer gestalttherapeutischen Diagnostik vor, nämlich eine länger- und eine kurzfristige. Während sich die längerfristige mit der Frage beschäftigt, was in der Therapie Gegenstand der Veränderung sein soll (d. h. die »übliche« Auffassung von Diagnostik), stellt die kurzfristige Dimension die Frage, in welchem Stadium der Veränderung sich der Gegenstand der Veränderung zu einem bestimmten Zeitpunkt befindet. Letzteres nennt Staemmler »Prozessdiagnostik«, nämlich »inwieweit sich die Diagnose des bearbeiteten Problems verändert oder gar durch die Veränderung bereits aufgelöst hat.« (Staemmler 2014, S. 41). Sein entsprechendes Modell weist Ähnlichkeiten mit dem Vorschlag von Perls et al. (1979; »Zwiebelschalen-Modell« ▶ Kap. 3.6) bzw. mit dem von Petzold (1989) auf (s. a. Staemmler 1999; Staemmler und Bock 2004):

1. *Stagnation:* Der Patient sucht nach Therapie, da er sich an einem Punkt stehen sieht, von dem aus er nicht durch eigene Kraft weiter gehen kann.
2. *Polarisation:* Mit Hilfe des Therapeuten wird das Bedingungsgefüge des Problems erarbeitet. Der Patient fühlt sich zwischen zwei Polen: Der eine entspricht der Anziehung, die aus dem Alten, aber Bekannten ausgeht; der andere der Anziehung aus dem Neuen, das faszinierend, jedoch unbekannt und deswegen ängstigend ist.
3. *Diffusion:* Eine Phase der Verwirrung und Leere.
4. *Kontraktion:* Der Patient arbeitet an seinem konkreten Problem, welches ihm nun mehr oder minder klar vor Augen steht.
5. *Expansion:* Eine neue Sicht der Dinge, eine neue Perspektive eröffnen sich.

4.4 Gesundheit und Krankheit

Für die Begründer der Gestalttherapie bedeutete Gesundheit die Fähigkeit eines Menschen, seine »eigenen psychischen, physischen und sozialen

Bedürfnisse ohne Schaden für sich und seine Umwelt zu befriedigen« (Hutterer-Krisch und Amendt-Lyon 2004, S. 154). Entsprechend wurde Krankheit gleichgesetzt »mit der Unfähigkeit …, das Wahrgenommene zu einer sinnvollen Ganzheit zu organisieren, Prioritäten zu setzen und situationsadäquat zu handeln« (ebd.). Ein gesunder Mensch kann demnach seine Wünsche, Bedürfnisse und Interessen in optimaler Weise mit dem ihm umgebenden Feld in Beziehung setzen. Er ist in der Lage, sich schöpferisch anzupassen und am Prozess der organismischen Selbstregulation vollends teilzunehmen. Stabilität und Veränderung, als komplementäre Pole der schöpferischen Anpassung, halten sich die Waage (s. a. Hutterer-Krisch und Amendt-Lyon 2004; Müller 1999). Sind der Wachstumsprozess, der Aufbau und der Abbau von Gestalten hingegen chronisch gestört, entsteht Krankheit. Bedürfnisse werden geleugnet, die eigenen Erlebens- und Verhaltensmöglichkeiten eingeschränkt, eine direkte Auseinandersetzung zwischen Individuum und Umwelt ist nicht mehr möglich oder zumindest eingeschränkt (s. a. Hutterer-Krisch und Amendt-Lyon 2004).

Eine interessante und kritische Auseinandersetzung mit den Begriffen »Störung« und »Krankheit« aus gestalttherapeutischer Sicht findet sich bei Heinzmann (2014), der zwischen einer »krankheitsorientierten« und einer »kontextorientierten« therapeutischen Grundhaltung unterscheidet: Während sich erstere am organmedizinischen Modell einer Erkrankung orientiert, vertritt die zweite die entgegengesetzte Auffassung und betrachtet die Symptomatik als Ressource, fragt nach ihrem Sinn vor einem bestimmten Hintergrund beim Patienten. Nach Heinzmann (ebd.) findet sich die erste Haltung eher bei den Verhaltenstherapeuten und die zweite eher bei der Psychoanalyse, der Systemischen Therapie und natürlich auch bei den humanistischen Verfahren. Für eine kontextorientierte Behandlung »braucht es keine Diagnosen« (ebd., S. 9).

Abschließend sein noch auf Höll (2004) verwiesen, die sich am Gesundheitsbegriff von Uexküll und Wesiack (1998) orientiert, der tatsächlich sehr passend für einen gestalttherapeutischen Kontext erscheint (s. a. Dreitzel 2004). Danach ist Gesundheit »der ungestörte Aufbau der subjektiven Umwelt, wobei die Umwelt Nützlichkeiten wie Schädlichkeiten bieten muss, die den kreativen Möglichkeiten des Lebewesens entsprechen. Krankheit tritt ein, wenn das raffinierte Gleichgewicht zwischen subjektiver Kreativität und objektivem Angebot gestört ist, wenn ... die Umgebung sich zu einem Lebewesen verhält, wie ein schlecht passender Schuh.« (Höll 2004, S. 62).

In dieser Definition wird der Bezug des Konstrukts »Gesundheit« zum jeweiligen Organismus-Umwelt-Feld besonders deutlich herausgearbeitet.

4.5 Gestalttherapeutisch-klassifikatorische Ansätze einer Diagnostik

Die im Kapitel 3.8 beschriebenen Kontaktunterbrechungsmechanismen sind in einem gewissen Sinne eine diagnostische Zuordnung. Sie können helfen, ein bestimmtes Verhalten des Patienten zu klassifizieren, bspw. wenn dieses wiederholte und typische Unterbrechungen im Kontaktprozess aufweist. Somit basieren etliche Versuche, eine gestalttherapeutische Diagnostik zu konzeptualisieren, darauf, eine Unterbrechung an bestimmten Stellen im Prozess des Kontakt-Erfahrungszyklus bestimmten Diagnosekategorien nach ICD oder DSM zuzuordnen[15] (s. a. Delisle 1991; Melnick und Nevis 1992, 1997; Müller 1999; Perls et al. 1951; Zinker 2005).

Melnick und Nevis (1992, 1997) versuchten schon in den 1990er Jahren diagnostische Zuordnungen zwischen den Phasen des Erlebenszyklus und den damals gültigen DSM-III-R/DSM-IV (▶ Abb. 4.1). Nach ihrem Verständnis gehört eine Unterbrechung in der ...

---

15 Delisle (1991) verfolgt beim Versuch, den Erfahrungszyklus mit dem DSM-III-R zu verbinden, einen anderen sehr interessanten Grundgedanken: Anstatt jede Phase im Erfahrungszyklus einer bestimmten Diagnose zuzuordnen (wie bspw. Melnick und Nevis 1992, 1997), beschreibt er die typische Art und Weise, wie der gesamte Zyklus bei einer bestimmten diagnostischen Kategorie (er konzentriert sich vorwiegend auf Persönlichkeitsstörungen) durchschritten wird. Aus Platzgründen kann an dieser Stelle nicht weiter auf dieses Modell eingegangen werden; i. S. einer kreativen Anregung sollte es aber nicht unerwähnt bleiben.

4.5 Gestalttherapeutisch-klassifikatorische Ansätze einer Diagnostik

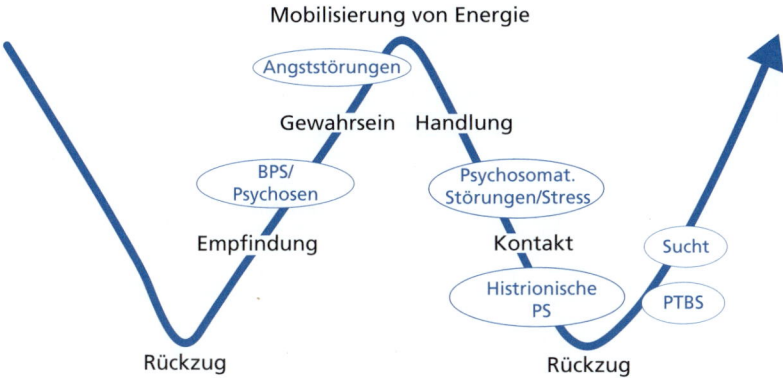

Abb. 4.1: Zuordnung verschiedener Diagnosen zu bestimmten Phasen des Erlebenszyklus (in Anlehnung an: Melnick und Nevis 1992; 1997)

- Phase von Empfindung und Gewahrsein: Borderline-Persönlichkeitsstörung (BPS), Psychosen;
- Phase von Energiemobilisierung: Angststörungen (im Allgemeinen), Spezifische Phobien und Panikattacken (im Besonderen), Depression;
- Handlungsphase: Psychosomatische Störungen, Stresssyndrom;
- Kontaktphase: Histrionische Persönlichkeitsstörung;
- Lösungsphase: Posttraumatische Belastungsstörung;
- Rückzugsphase: Sucht.

Müller (1999) schlägt – in Anlehnung an Isadore Fromm (s. a. Müller 1996) – ein Modell vor, welches den Erfahrungszyklus mit den Funktionen des Selbst (▶ Kap. 3.6) integriert, ausgehend von der Annahme Fromms, dass den Ich-Funktionen vor den Persönlichkeits- und Es-Funktionen mehr Bedeutung zukommt. Müller (1999), der ein Befürworter einer Integration klassisch-psychologischer Diagnostik in die Gestalttherapie ist, betont »dass sich eine überschaubare Zahl von unterscheidbaren Erlebnis- und Verhaltensstrukturen feststellen lässt, die sich möglicherweise auf die im Kontaktprozess immer neu entstehende Störung weniger Grundfunktionen des Selbst zurückführen lassen« (S. 664). Abbildung 4.2 gibt das Modell in der Zusammenfassung wieder.

4 Kernelemente der Diagnostik

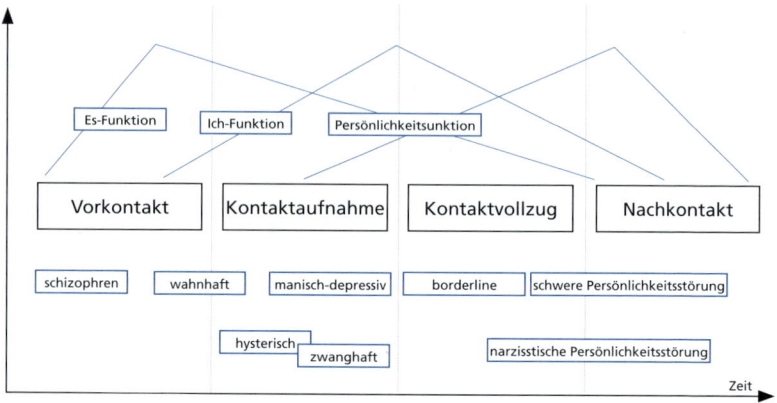

Abb. 4.2: Zuordnung der Kontaktphasen zu den Grundfunktionen des Selbst (in Anlehnung an: Müller 1999)

Demnach werden:

- schizophren-wahnhafte Störungen dem Vorkontakt,
- manisch-depressive, hysterische und zwanghafte Störungen der Kontaktaufnahme,
- Borderline-, narzisstische und sonstige schwere Persönlichkeitsstörungen im Allgemeinen dem Kontaktvollzug bzw. dem Nachkontakt zugeordnet.

Ein aktuelles Modell gestalttherapeutischer Diagnostik, auch auf dem Kontaktprozess basierend, schlägt Dreitzel (2004) vor, das er als »Landkarte« bzw. »Feldatlas« bezeichnet. Dabei orientiert er sich an Swanson und Lichtenberg (1998), die sechs Leitfragen für eine gestalttherapeutische Diagnostik vorschlagen. Er passt diese an, ergänzt sie um eine siebte und nennt das die »Ebenen der diagnostischen Landkarte«:

1. »Was können wir bei einem Patienten auf der phänomenologischen Ebene beobachten?« (Reaktionsbildungen);
2. »Wie erlebe ich den Patienten auf der Beziehungsebene?« (unbewusste Interaktionsstrategien und Beziehungsmuster);

4.5 Gestalttherapeutisch-klassifikatorische Ansätze einer Diagnostik

3. »Welche Schwächen oder Hemmungen zeigt der Patient auf der motivationalen Ebene?« (Störungen im Vorkontakt);
4. »Welche Störungen seiner Wahrnehmungsfunktionen und aggressiven Funktionen zeigt der Patient?« (Störungen der sensomotorischen Funktionen);
5. »Kann der Patient auf der Ebene der Integration sich einlassen und loslassen?« (Störungen im vollen Kontakt);
6. »Welche Problembereiche spricht der Patient auf der existentiellen Ebene an?« (Störungen im Nachkontakt);
7. »Was spüren wir gegenüber dem Patienten auf der emotionalen Ebene?« (Störungen an der Qualität der Kontaktgrenze).

Diese sieben Ebenen sind für Dreitzel (2004) gleichzeitig auch eine Art »Fahrplan« für den therapeutischen Prozess, wobei jeder Schritt immer tiefer in das neurotische Dickicht des Patienten führt. Währen die ersten zwei Ebenen dem Aufbau einer tragenden und unterstützenden therapeutischen Beziehung dienen, geht der Therapieprozess bis einschließlich der Ebene 6 weiter und die 7. Ebene ist in dem Sinne »besonders«, als dass Störungen an diesem Punkt alle anderen Ebenen durchdringen und einfärben.

Zusammenfassend ist für die diagnostische Situation aus gestalttherapeutischer Sicht Folgendes wichtig (s. a. Hutterer-Krisch und Amendt-Lyon 2004):

- Diagnostik muss auch Diagnostik im psychotherapeutischen und nicht allein im nosologisch-klassifikatorischen Sinne sein.
- Die Diagnostik darf nicht die therapeutische Beziehung zum Patienten stören.
- Die Diagnostik muss auch die Beziehung zwischen Therapeut und Patient berücksichtigen und ist als prozessuales Geschehen zu verstehen, welches nicht mit der Probatorik abgeschlossen ist. Die Interaktion zwischen Therapeut und Patient liefert sehr wichtige diagnostische Informationen.
- Teil der Diagnostik muss unbedingt das persönliche Feld des jeweiligen Patienten sein. Da dieser nicht unabhängig von seiner jeweiligen Umwelt zu verstehen ist (Feldabhängigkeit), ist eine psychische Störung

nicht als »psychische Störung des Patienten«, sondern als »psychische Störung des Patienten in seinem Feld« zu verstehen.

> **Exkurs: Versuch einer kritischen Integration**
>
> Um nicht auch der Kritik von Dreitzel (2004) anheim zu fallen, dass in vielen Darstellungen der Diagnostik in der Gestalttherapie die einzelnen Modelle unkritisch nebeneinander dargestellt werden, soll hier – im Rahmen eines Exkurses – ein kritischer Bezug hergestellt werden.
> Diesem Buch soll ein anderes Verständnis von Diagnostik zugrunde gelegt werden: Erstens ist es unrichtig, von »der Diagnostik« zu sprechen. Passender erscheint es, von einem diagnostischen Prozess auszugehen. Dieser ist weder mit den probatorischen Sitzungen beendet, noch wird er gleichsam vergessen, sobald der Patient ein bestimmtes diagnostisches Etikett erhält – ganz im Gegenteil! Nicht nur für die Verhaltenstherapie gilt, dass der diagnostische Prozess rekursiv ist (Kanfer et al. 2012), sondern vor allem auch für die Gestalttherapie. Müller (1999, S. 649) vertritt diesbezüglich eine ähnliche Auffassung:
>
>> »Die Funktion einer Diagnose ist nicht das gültige Feststellen einer bestimmten Wahrheit (Krankheit), sondern vielmehr eine aktive Konstruktion von Wahrheit (vorläufige Gewissheit), die überhaupt erst therapeutisches Handeln ermöglicht und die durch selbstkritische Reflexion (Gegenübertragungsanalyse) immer wieder hypothetischen Charakter gewinnt.«
>
> Genau genommen hat der Therapeut – unabhängig von seiner Therapieschule – die Aufgabe, seine diagnostische Einschätzung mit dem Patienten selbst (soweit es dessen geistige und psychische Kapazitäten zulassen) und im Laufe der Therapie stets zu hinterfragen. Zweitens ist Diagnostik ein Übersetzungsprozess: Aus den Äußerungen des Patienten bzgl. seiner Beschwerden werden diagnostische Entitäten. Diese Übersetzung kann »im Kontakt«, in der Ich-Du-Beziehung, mit dem Patienten geschehen oder über seinen Kopf hinweg, im Buberschen Sinne: Ich-Es; der zuletzt genannte Weg erscheint nicht adäquat. Natürlich steht am Ende eine »diagnostische Schublade«, doch es obliegt der Professionalität des (Gestalt-)Therapeuten, stets ein wach-

4.5 Gestalttherapeutisch-klassifikatorische Ansätze einer Diagnostik

sames Auge darauf zu haben, einen Menschen mit psychischen Schwierigkeiten vor sich zu sehen und nicht die ICD-10-Diagnose mit einer bestimmten F-Kodierung. Drittens wird bei dieser Kritik an der Diagnostik – häufig stillschweigend – eine Missinterpretation tradiert, nämlich, dass es um die Diagnostik eines Menschen geht. Dies ist jedoch grundlegend falsch. Weder ICD noch DSM haben das Ziel, den Patienten, also den Menschen zu diagnostizieren, sondern dessen Verhalten (oder wie es Blankertz 2004 nennt: die Tätigkeit). Zeigt ein Patient ein bestimmtes Verhalten, das bestimmten Symptomen entspricht, kann es einer diagnostischen Kategorie zugeführt werden. Dieser Gedanke findet sich schon bei Perls et al. (1979, S. 247), wo es heißt, »dass wir unsere Begriffe im Prozess der Kontaktnahme finden«. Viertens würde – darauf weist ebenfalls Blankertz (2004) hin – das Nichtstellen einer Diagnose dem Diktum der Transparenz, welches in der Gestalttherapie einen prominenten Platz hat, widersprechen. Fünftens geben sich die Patienten selbst bereits eine Diagnose, nämlich dass etwas mit ihnen »nicht stimmt«, weswegen sie sich überhaupt in Therapie begeben. Sie stellen sich somit (»freiwillig«) in eine bestimmte Kategorie, nämlich der Menschen, die mit bestimmten (psychischen) Schwierigkeiten kämpfen, bei deren Bewältigung sie die professionelle Hilfe eines (Gestalt-)Therapeuten benötigen.

Eine weiterführende kritische Auseinandersetzung findet der interessierte Leser bspw. in Hutterer-Krisch und Amendt-Lyon (2004) bzw. im Sonderheft Diagnostik der Gestalt Zeitung (2014).

5 Kernelemente der Therapie

»Wahrheit kann nur ertragen werden, wenn man sie selbst entdeckt, denn dann macht der Stolz der Entdeckung die Wahrheit schmackhaft.« (Perls 1990, S. 145).

Wenn Psychotherapie dabei helfen soll, die eigene Wahrheit zu entdecken, dann setzt dies beim Patienten die Bereitschaft voraus, diese ertragen zu können. Psychische Symptomatik entsteht, weil der Mensch, meist in seiner frühen Entwicklung, die Notwendigkeit erlebt hat, sein wahres, sein wirkliches (i. S. von »das, was wirkt«) Denken, Fühlen und Empfinden (sein Erleben) zugunsten der Beibehaltung von Beziehungen zu opfern. Er »entschied« sich dafür, die Welt, sich und sich in der Welt durch und mittels einer bestimmten Verzerrung wahrzunehmen. Diese Verzerrung kann »Neurose« genannt werden[16] und deren Wesen liegt darin, »dass der Neurotiker, statt seinen eigenen Selfsupport zu entwickeln, all seine Energie zur Manipulation seiner Umwelt verwendet, um von ihr Unterstützung zu erhalten« (Perls 1990, S. 141).

Der Gestalttherapeut versucht diese Verzerrung zu identifizieren und – soweit es geht – zu bearbeiten, so dass der Patient sich und die Welt so wahrnehmen kann, wie sie für ihn tatsächlich (in diesem Sinne: wirklich) sind. Das bedeutet aber gleichzeitig, dass Letzterer in der Lage ist anzu-

---

16 Der Begriff »Neurose« ist nicht mehr zeitgemäß und wird in den aktuellen Klassifikationssystemen (ICD-10 und DSM-5) kaum bis gar nicht verwendet, da er mehrdeutig und theoretisch vorbelastet ist. Stattdessen wird neutral von »psychischer Störung« gesprochen. Er wird in diesem Kapitel deswegen verwendet, weil in diesem auf das Perls'sche Verständnis von psychischer Störung eingegangen wird und zu seiner Zeit wurde von »Neurose« gesprochen.

erkennen, dass seine bisherige Art und Weise an der Welt teilzunehmen, nicht diejenige war, die ihm in Wirklichkeit entsprach, sondern Ergebnis seiner frühen Entwicklungserfahrungen und Konditionierungen. Dies anzuerkennen ist nicht leicht und kann nur geschehen, wenn der Patient auch eine entsprechende Bereitschaft dazu hat. Diese Bereitschaft ist im Stolz, die »Lüge« (i. S. einer Verkennung der Wahrheit) selbst (und mit Unterstützung des Gestalttherapeuten) entdeckt zu haben, versteckt.

Die bereits beschriebenen Schwierigkeiten der Gestalttherapie mit der klassischen klinisch-psychologischen Diagnostik bestehen auch in Hinblick auf die Therapie. Auch wenn die Gestalttherapie über zahlreiche konkrete therapeutische Techniken verfügt, so ist das nicht mit ihrem therapeutischen Vorgehen gleichzusetzen. Perls verstand als conditio sine qua non für eine erfolgreiche Behandlung die »Bewusstmachung unerwünschter Gefühle und die Fähigkeit, sie zu ertragen« (Perls 1978, S. 194). Naranjo (1996, S. 266) ergänzt, die Gestalttherapie gehe davon aus, dass »therapeutisches Handeln mehr auf Präsenz als auf jeglicher Technik beruht«.

Fritz hatte eine Therapieform entwickelt, die darauf basierte, dass der Patient deswegen Patient ist, weil er in seinem Lebensprozess nicht teilnimmt und diesen mit bestimmten Kontaktvermeidungsmechanismen blockiert (s. o.). Schon seit Geburt der Gestalttherapie war die Hypothese leitend, dass psychische Störungen Folge eines Verlustes von Ich-Funktionen sind, was sich in wiederholten typischen Kontaktunterbrechungen wie bspw. Konfluenz, Projektion etc. zeigt (s. a. Müller 1999). Diese Blockaden zeigen sich in bestimmten Symptomen, die zu Symptomgruppen (Syndromen) und schließlich zu bestimmten diagnostischen Kategorien zusammengefasst werden, ohne jedoch wirklich für die Gestalttherapie von Bedeutung zu sein.

Primäres Therapieziel ist es somit nicht, diese Symptome, das Syndrom oder die Diagnose wieder »zu entfernen«, sondern den ins Stocken geratenen Lebensprozess wieder in Gang zu bringen. Wir können davon ausgehen, dass es für Perls – würde er heute noch leben – relativ egal wäre, ob man diesem ins Stocken geratenen Prozess den Titel »Agoraphobie mit Panikstörung«, »Major Depression«, »Zwangsstörung« etc. gibt oder nicht. Fakt bleibt jedoch, dass die Gestalttherapie – abgesehen von den Kontaktunterbrechungsmechanismen – bis heute kein spezifisches Neurosenmodell hat (s. a. Kriz 2014). Ihr therapeutischer Ansatz betont mehr das Wie (die Form) und weniger das Was und Warum (den Inhalt einer Therapie; s. a. Müller 1999).

Somit wohnt der Gestalttherapie, wird sie mit den anerkannten psychotherapeutischen Verfahren (psychoanalytisch begründete Verfahren und Verhaltenstherapie) verglichen, eine bestimmte Ungenauigkeit inne in dem Sinn, dass ihr Verständnis von »psychischer Erkrankung« keines ist, welches den gängigen Klassifikationssystemen (ICD/DSM) entspricht. Trotzdem muss sie sich dieser Forderung doch beugen, wenn sie Anerkennung finden und nicht noch mehr ins Abseits geraten möchte (▶ Kap. 4).

Dennoch lassen sich gestalttherapeutische Techniken im Überblick darstellen. Damit wird zwar gegen das Diktum: der »Gestalttherapeut verwendet keine Techniken« (L. Perls 2005 S. 99 f) verstoßen, aber Fritz war zu seinen Lebzeiten bereits einsichtig genug, denn er hielt fest:

> »Der Therapeut braucht ein theoretisches Konzept, um auf Kurs zu bleiben, um zu wissen, in welche Richtung er suchen soll. Es ist die erworbene Gewohnheit, die den Hintergrund seiner Kunst bildet, wie in jeder anderen Kunst. Und das Problem ist dasselbe wie in jeder Kunst: wie soll man sich der Abstraktionen (und daher auch der Fixierung) so bedienen, dass man das gegenwärtige Wirkliche nicht verfehlt.« (Perls et al. 1979, S. 241).

5.1 Typischer Ablauf

Es wurde bereits darauf hingewiesen, dass die Gestalttherapie im Kern eine Widerstandsanalyse ist (s. a. Kriz 2014) sowie eine »Therapie der Gefühle« (s. a. das gleichnamige Buch von Strümpfel 2006), denn Perls betonte schon sehr früh: »Die Natur ist nicht so verschwenderisch, dass sie Emotionen schafft, um sie wegzuwerfen« bzw. dass Emotionen »die eigentlichen Werkzeuge unserer Fähigkeit, Kontakt herzustellen« sind (Perls 1990, S. 135).

Der Therapeut hat die Aufgabe, den Widerstand des Patienten zu würdigen und ihm erfahrbar zu machen. Es geht also nicht primär darum, ihn zu deuten, wie bei der klassischen Psychoanalyse, oder ein alternatives Verhalten aufzubauen, wie bei der klassischen Kognitiven Verhaltenstherapie, sondern darum. den Blockierungsprozess an sich wahrzunehmen.

Wie Freud, so betont auch Perls die »Doppelnatur« des Symptoms: »Als etwas starres macht es den Menschen zu einem bestimmten ›Charakter‹, und davon gibt es ein halbes Dutzend verschiedene Arten. Aber als das Werk seines eigenen schöpferischen selbst drückt das Symptom die Einmaligkeit eines Menschen aus.« (Perls et al. 1979, S. 67). Einerseits ist somit das Symptom ein Ausdruck des Lebendigen und andererseits hemmt es gleichzeitig eben diese Lebendigkeit.[17]

Nach Perls reichen die folgenden fünf Grundfragen, um der Therapie eines Patienten eine Richtung zu geben:

- Was tust Du?
- Was fühlst Du?
- Was möchtest Du?
- Was vermeidest Du?
- Was erwartest Du?

Diese Kernfragen werden von Müller (1999, S. 653) ergänzt durch zwei weitere:

- »Was nimmst Du im Moment wahr?« (womit ein Bezug zur Wirklichkeit hergestellt wird) und
- »Was willst Du als nächstes tun?« (womit ein Bezug zur Wichtigkeit und Wahrheit hergestellt wird).

---

17 Freud hatte wohl selbst Schwierigkeiten, wirklichen Kontakt herzustellen. Nach Perls leiten sich viele psychoanalytische Methoden aus dessen Kontaktschwierigkeiten ab: »Freud war ein Mensch, der enorme Schwierigkeiten hatte, zu jemandem Kontakt aufzunehmen. Er war ein brillanter Schriftsteller, aber er konnte nicht aus sich herausgehen, er konnte niemandem begegnen; er konnte seine Patienten nicht ansehen. Er beklagte sich, sie würden ihn anstarren. Seine ganze Neurose gründete in der Vermeidung dieser Angst, die sich aus einem guten Kontakt ergibt.« (Perls 1990, S. 132).

Im Zentrum der Gestalttherapie steht somit ein phänomenologischer, experientieller, experimenteller und existentieller Ansatz (s. a. Fuhr 1999; Staemmler 2009).

Perls postulierte, dass es bestimmte Stadien in der Kommunikation zwischen dem Patienten und seiner selbst, aber auch zwischen ihm und seiner Umwelt gäbe, wie sie in einer typischen Therapie auftreten würden:

- *Nicht-Kommunikation:* Der Patient weiß nicht, was er will, und somit kann er auch nicht kommunizieren. Seine motorische Unruhe ist die »wichtigste Sprache, durch die uns der Patient in diesem nicht-kommunikativen Stadium etwas mitteilt.« (Perls 1990, S. 131).
- *Gehemmte Kommunikation/Hemmung:* Ein Teil des Patienten (Ich) wendet sich gegen einen anderen Teil in ihm (Selbst).
- *Exhibitionistisches Stadium:* Wahllose Kommunikation; der Patient redet »über« sich (»aboutism«) bzgl. verschiedener Themen.[18]
- *Wirkliche Kommunikation:* Der Patient bringt wirklich zum Ausdruck, was er will, und nimmt wirklichen Kontakt zum Therapeuten auf.

Zudem unterschied er fünf Ebenen (vielleicht besser als »Schichten« zu übersetzen), durch deren Integration »werden wir wirklich wir selbst, was bedeutet, dass wir das Andere, die Welt, entdecken können.« (Perls 1990, S. 140):

1. *Animalisches Selbst:* Die Grundlage. Hier sei der Mensch ein kleines Kind, ein lediglich organisches Lebewesen mit entsprechenden Bedürfnissen und ursprünglichen Funktionen, die nicht sehr differenziert seien.
2. *Als-ob- oder Soziale Ebene:* Hier wird der Verlust der Natur durch Spielregeln kompensiert.
3. *Phantasie-Ebene:* oft »Geist« genannt. Hier betont Perls, dass Freud dieser Ebene sehr nahe gekommen ist, als er postulierte, dass Denken ein Probehandeln sei (eine »Versuchshandlung«).

---

18 Mit diesem Stadium geben sich – so Perls – die psychoanalytisch arbeitenden Therapeuten zufrieden.

4. *Ebene der Isolation/Verfeinerung/Objektivierung:* hier werden Laute oder Werkzeuge aus ihrem Kontext herausgerissen und für einen neuen Organisationsrahmen verwendbar gemacht.
5. *Symbole* und *Werkzeuge* werden zu Maschinen und zur Sprache kombiniert und organisiert. Wörter werden nicht einfach nur benutzt, sondern sind mit Gefühlen und Vorstellungen verbunden und vermitteln Bedeutungen.

Folgende Eckpfeiler lassen benennen, die einen roten Faden, eine Art »Grundgerüst« des Sitzungsgeschehens darstellen (s. a. Hartmann-Kottek 2012):

Anfangs wird im Regelfall der Patient ein Anliegen in die Therapiesitzung einbringen, welches für ihn aktuell mit einer innerpsychischen Valenz, einer Wertigkeit, ausgestattet ist (bspw. »ich streite mit meinem Mann ... er versteht mich nicht ...«). Der Gestalttherapeut, stets phänomenologisch vorgehend, versucht die relevanten, markanten und somit auffälligen Punkte zu erkennen (bspw. Wut, Ohnmacht). Dadurch ergibt sich ein Faden, der vom Therapeuten aufgegriffen wird. Dieser Faden führt (meist) in die Vergangenheit des Patienten (bspw. ein unterdrückender Vater) und im Rahmen dieser Regression manifestieren sich Anteile seines Selbst sowie ein konfliktäres Spannungsfeld, das Ausdruck ihrer widerstrebenden Bestrebungen ist (bspw. Zugehörigkeit vs. Autonomie). Im Regelfall kann angenommen werden, dass der Patient dieses innere Spannungsfeld in die Außenwelt projiziert und dort versucht, eine Lösung zu finden, die aber nie eine richtige sein kann, denn die Außenwelt ist nur das Manifestationsfeld und nicht der Ursprungsort der konfliktären Spannung (der Streit mit dem Mann). Die beteiligten Anteile werden mit Unterstützung des Therapeuten nach Möglichkeit eindeutig identifiziert und ihre Rolle im besagten Spannungsfeld wird herausgearbeitet (bspw. der wehrhafte Teil vs. der liebende Teil). Das Ziel des therapeutischen Prozesses ist es, den Patienten zu unterstützen, diese, deren Motive und Absichten möglichst gut kennen zu lernen (bspw. mit der Zwei-Stuhl-Technik). Die gegenseitige Anerkennung dieser verschiedenen Anteile untereinander wie auch die Anerkennung vom erwachsenen Selbst des Patienten, führen im Regelfall zu einer Versöhnung und einer Übernahme der Handlungskompetenz seitens des Patienten, der nun seine (meist introjizierten) Impulse besser (an-)erkennt und auf eine reife Weise mit ihnen umgehen kann (bspw. »ich liebe meinen Mann und gleichzeitig kann ich auf meine Bedürfnisse achten«). Aus der anfänglichen Regression wird auf diese Weise eine Progression (Hartmann-Kottek 2012). Abbildung 5.1 stellt diesen typischen Ablauf graphisch dar.

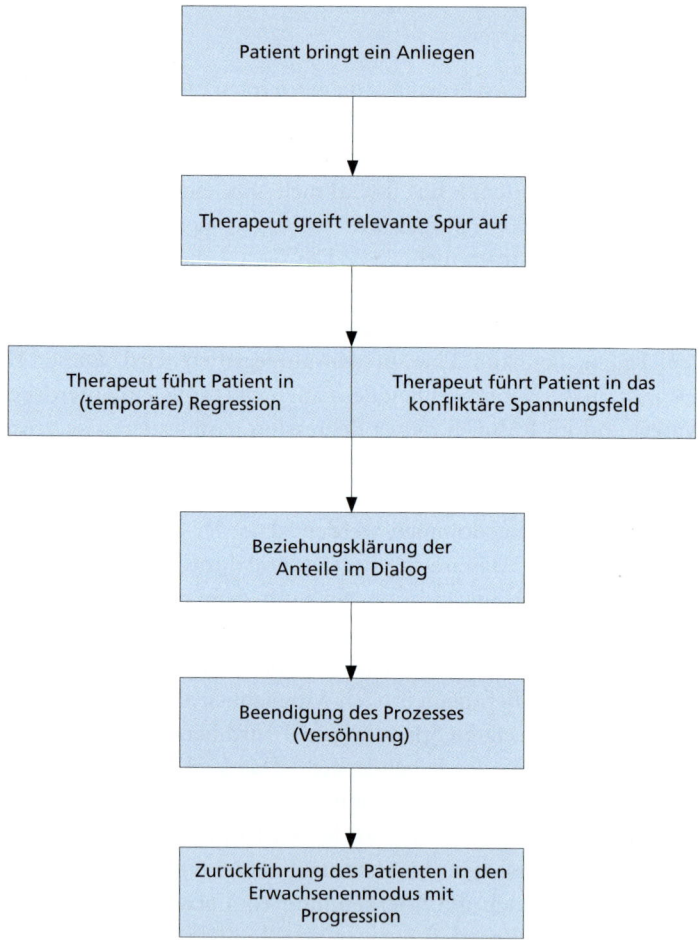

Abb. 5.1: Ein typischer Ablauf einer gestalttherapeutischen Sitzung (s. a. Hartmann-Kottek 2012)

Am Gestaltzyklus orientiert und auf einem höheren Niveau (»gröber«) schlägt Abram (2013) ein weiteres Modell vor, welches auf folgenden Phasen basiert:

1. *Vorkontakt:* Mit dem Patienten gemeinsam wird erarbeitet, wo der Fokus der aktuellen Sitzung liegen soll. Eine Gestalt wird geöffnet.
2. *Kontaktphase*: Die offene Gestalt wird bearbeitet.
3. *Nachkontakt:* Der Therapeut würdigt – unabhängig von der Quantität – das Ausmaß dessen, was der Patient in der aktuellen Sitzung erreicht hat. Zudem versucht er, einen Bezug zum persönlichen Alltag des Patienten herzustellen (Transfer) und gegebenenfalls Übungen vorzuschlagen, die dazu dienen sollen, das Gelernte zu vertiefen bzw. neue Erfahrungen zu machen.

Einer der bekanntesten Gestalttherapeuten, Arnold Beisser (s. u.), findet für diesen Integrationsprozess eigene sehr prägnante Worte:

»Zuerst entsteht Bewusstheit im System, dass ein entfremdetes Fragment existiert; dann wird das Fragment akzeptiert als ein legitimer Auswuchs einer funktionalen Notwendigkeit, schließlich wird es explizit und vorsätzlich mobilisiert und in die Lage versetzt, als explizite Kraft zu operieren. Dies wiederum führt zum Austausch mit anderen Subsystemen und ermöglicht ein integriertes, harmonisches Wachstum des gesamten Systems.« (Beisser 1998).

5.2 Techniken der Gestalttherapie

»Ich habe etwas gegen das Wort Technik. Ich akzeptiere niemanden als kompetenten Gestalttherapeuten, solange er noch ›Techniken‹ benutzt. Wenn er seinen eigenen Stil nicht gefunden hat, wenn er sich selbst nicht ins Spiel bringen kann und den *Modus* [Hervorhebung im Original, Anm. d. Verf.] (oder die Technik), die die Situation verlangt, nicht der Eingebung des Augenblicks folgend erfindet, ist er kein Gestalttherapeut. Er ist ein Handwerker, aber kein Künstler.« (Perls 1990, S. 170)

»Ein Gestalttherapeut verwendet keine Techniken; er verwendet sich selbst in einer und für eine Situation mit den professionellen Fähigkeiten und mit seiner

Lebenserfahrung, die er gesammelt und integriert hat. Es gibt so viele therapeutische Stile, wie es Therapeuten und Klienten gibt, die sich selbst und einander entdecken und die gemeinsam ihre Beziehung erfinden.« (L. Perls 2005, S. 99 f)

Die Gestalttherapie ist – vielleicht auch deshalb – bis zur Fertigstellung dieses Buches nicht vom Gemeinsamen Bundesausschuss anerkannt (▶ Kap. 8). Sie verfügt zwar sehr wohl über Leitlinien, bestimmte Methoden und konkrete Techniken, wobei jedoch, wie Staemmler (1999) zurecht kritisiert, in der gestalttherapeutischen Community die Begriffe »Methode« und »Technik« oft synonym verwendet werden. Er versteht unter »Methode« einen »*Weg*, etwas zu erreichen« (ebd., S. 440; Hervorhebung im Original) und unter »Technik«, »die konkreten *Schritte*, die auf diesem Weg gegangen werden.« (ebd.; Hervorhebung im Original).

Diese »schwierige« Beziehung der Gestalttherapie zur ihrer eigenen Therapietheorie zeigt sich auch darin, dass das reichhaltige Portfolio an Techniken – je nach Autor – unterschiedlich klassifiziert wird. Während bspw. Naranjo (1996) versucht, diese unter die Rubriken »restriktiv«, »verstärkend« und »integrativ« zu subsumieren, gehen andere Autoren offener damit um, bspw. Dreitzel (2004), der schreibt: »Die Techniken ... sind der Kreativität jedes Gestalttherapeuten überlassen, der dem Bewährten immer wieder Neues hinzufügen wird.« (S. 9).

Staemmler (1999) hat versucht, ein differenzierteres Modell aufzustellen. Als zentrale Methoden der Gestalttherapie unterscheidet er:

- die dialogische Grundhaltung;
- die feldtheoretische Begründung;
- das phänomenologische Prinzip und
- das existentielle Prinzip.

Zudem unterscheidet er vier Typen von Techniken:

1. Übungen,
2. Experimente,
3. Hausaufgaben und
4. situationsbezogene Interventionen.

In einer späteren Publikation (Staemmler 2009) arbeitet er mit der Einteilung »experimentell«, »experientiell« und »existentiell« (s. o.).

Auch hier zeigt sich wieder diese der Gestalttherapie inhärente Schwierigkeit, eine prozessuale Grundhaltung in voneinander (klar) getrennte Entitäten zu fassen. Bspw. versucht Staemmler (1999), Übungen von Experimenten, von Hausaufgaben und von situationsbezogenen Interventionen zu unterscheiden, jedoch bleibt dieser Versuch unvollständig – und kann nur, aus besagtem Grund, unvollständig bleiben. Eine Übung im gestalttherapeutischen Sinne wird immer ein Experiment sein, denn es geht darum, etwas auszuprobieren, von dem man nicht (genau) weiß, wie es sein wird. Eine Hausaufgabe soll helfen, den Faden der therapeutischen Situation in die Alltagswelt des Patienten zu übertragen und das bedeutet immer Übung und Experiment. Eine situationsbezogene Intervention entsteht aus dem Potential der aktuellen Begegnung zwischen Therapeut und Patient und ist somit auch immer eine Art Experiment, in dem etwas »geübt« (i. S. von erfahren) wird. Alles in allem, drehen sich somit die Begrifflichkeiten im Kreis. Die zentralen Begriffe und Konzepte sind in einer nicht zu vermeidenden Redundanz miteinander verflochten.

Wenn im Folgenden der Versuch unternommen werden soll, ohne Anspruch auf Vollständigkeit einige wichtige therapeutische Techniken der Gestalttherapie näher darzustellen und zu beschreiben, dann sei der Leser gebeten sich zu vergegenwärtigen, dass es in der Gestalttherapie stets um zwei Konzepte geht: *Awareness* (▶ Kap. 3.3) und *Kontakt* (▶ Kap. 3.7). Selbst diese sind miteinander verbunden, denn ohne wirkliche Awareness ist kein Kontakt möglich, und ohne wirklich im Kontakt zu sein, kann es keine Awareness geben.

Oft werden auch sprachlich Begriffe wie »Gefühl« und »Empfindung« synonym verwendet. Dies ist im gesamten Buch und besonders in den folgenden Kapiteln nicht der Fall. Von »Gefühl« wird dann gesprochen, wenn es sich um ein Gefühl handelt (Angst, Wut, Trauer etc.); von »Empfindung«, wenn es sich um eine körperliche Empfindung handelt (angespannt, Kribbeln, voll, leer etc.); von einem »Gedanken« oder »Denken« wird dann gesprochen, wenn es sich um einen Gedanken handelt, d. h. einen kognitiven Prozess (»ich denke an meine Frau ...«; »mir kommt der Gedanke an die Situation X ...« etc.).

Steigerung der Awareness

Bei der Steigerung von Awareness geht darum, die Aufmerksamkeit und Bewusstheit des Patienten für bestimmte innerpsychische Prozesse (das können auch Symptome sein) zu intensivieren. Er soll sich weniger mit den Reaktionen auf bestimmte äußere und innere Wahrnehmungen beschäftigen, sondern mit den Wahrnehmungen und den damit einhergehenden Abläufen selbst. Es geht also um das »Wie« der Erfahrung.

Der Patient kann bspw. erzählen, wie er sich fühlt und empfindet, während er über ein bestimmtes Thema berichtet. Der Therapeut unterstützt ihn dabei, seine Awareness zu steigern: Wie erzählt er? Welche Haltung begleitet die Erzählung? Wann verändert sich der Tonfall? Fallen dabei »typische« Veränderungen auf? Wie ist seine Gestik? Wann wird sie intensiver, wann kaum merklich? Nicht zuletzt die Frage: Wann und wie setzt er seine Abwehr ein?

Alle diese Fragen zielen auf die bewusste Wahrnehmung der die Erzählung begleitenden Empfindungen, Gefühle, Gedanken, Impulse etc. ab. Erstaunlich ist, dass – ganz wie es Arnold R. Beisser (1925–1991) und seine »Paradoxe Theorie der Veränderung« (Beisser 1997; ▶ Kap. 5.2) vorhersagen – sich allein dadurch etwas verändert. Dabei ist Beisser auf einer Linie mit Marcel Proust (1871–1922), auf den die Aussage zurückgeht: »Man kann von einem Leiden nicht genesen, wenn man es nicht in ganzer Stärke durchlebt.« Diese Aussage (wohlgemerkt eines Philosophen und keines Gestalttherapeuten!) beinhaltet sowohl das Wahrnehmungs- als auch das prozessuale Element der Gestalttherapie.

Beisser selbst sieht darin auch einen wesentlichen Unterschied zwischen Perls und Freud:

> »Kardiner[19] hat festgestellt, dass Freud bei der Entwicklung seiner strukturellen Theorie der Abwehrmechanismen Prozesse zu Strukturen gemacht hat (zum

---

19 Gemeint ist Abram Kardiner (1891–1981) ein amerikanischer Anthropologe, Arzt und Psychoanalytiker, der in den 20er Jahren des letzten Jahrhunderts bei Freud selbst seine Ausbildung absolvierte. Kardiner gehört zu den Vätern des Konzepts der Posttraumatischen Belastungsstörung, die er 1941 als »Physioneurose« bezeichnete.

Beispiel wurde aus Verleugnen Verleugnung). Der Gestalttherapeut hält Veränderung dann für möglich, wenn das Gegenteil geschieht, d. h., wenn Strukturen in Prozesse überführt werden. Wenn das passiert, öffnet sich der Mensch dem teilnehmenden Austausch mit seiner Umwelt.« (Beisser 1998, o. S.).

Der Therapeut ist dabei darauf angewiesen, seine unmittelbaren Eindrücke dem Patienten rückzumelden, ihm sozusagen ein Spiegel zu sein und dadurch dessen Selbst-Awareness zu fördern.

> **Exkurs: Steigerung der Selbst-Awareness oder Beeinflussung?**
>
> Dieses gestalttherapeutische Vorgehen ist fast zu einem Streitfall geworden, denn es kam (oft von psychoanalytischer Seite) der Vorwurf, man würde damit den Patienten zu stark führen, vielleicht sogar beeinflussen. Auch wenn von Gestalttherapeuten behauptet wird, diese Rückmeldung der Eindrücke sei keine »Interpretation« (bspw. Staemmler 2009), sondern lediglich eine »Beschreibung« dessen, was der Therapeut »tatsächlich« bei seinem Patienten wahrnimmt, so ist das – so die Auffassung des Autors – unrichtig. Die Rückmeldung des Eindrucks ist natürlich Ergebnis einer Interpretation und somit einer Konstruktion des Therapeuten. Würde man das negieren, würde man eine Grundsäule der Gestalttherapie selbst negieren, nämlich das ihr zugrunde liegende konstruktivistische Prinzip. Die Rückmeldung der Eindrücke setzt jedoch voraus, dass der Therapeut selbsterfahren genug ist, um entweder seine hauptsächlichen Projektionsbereitschaften zu kennen oder zumindest seine Interpretation dem Patienten als Eindruck anzubieten und nicht überzustülpen; im Extremfall sogar mit dem Ergebnis, dass er seinen Patienten »im Widerstand« erlebt, wenn dieser die Interpretation ablehnt.

Experimente

Das Experiment gehört zu den wichtigsten Techniken der Gestalttherapie und wird in seiner ursprünglichen Bedeutung verstanden: Versuch, Prüfung bzw. Probe. Ein Experiment ist eine hervorragende Methode, den

Patienten einzuladen, eine neue Erfahrung zu machen und dadurch eine »fixierte Gestalt« zu prüfen und gegebenenfalls aufzulösen. In diesem Sinne dient es natürlich der Steigerung der Awareness.

Ein Experiment ist ein »Spiel« – in der Bedeutung, welche das Spiel für ein Kind hat, ein »Sich-im-Kontakt-mit-der-Umwelt-Ausprobieren«.

»Das Spiel ist die wichtigste Ausdrucksform der Fantasie, der fantasievolle Spielraum. Das ist der Begegnungsraum mit seinem eigenen Selbst ... Dieser ist nicht Kindern vorbehalten. Erwachsene benötigen diesen heilsamen Schutzraum mindestens ebenso sehr. In ihm darf zutage treten, was es für das derzeit gestörte Gleichgewicht braucht, um es wieder in seine Mitte schwingen zu lassen. In ihm darf die innere Wahrheit einen ihr gemäßen Ausdruck finden. Die Bewertungen und die Angst, die sie auslösen, sind erst einmal ausgesetzt. Es herrscht die Atmosphäre des Sein-dürfens im ›Sowohl-als-auch‹. Die kann auch meistens beibehalten werden, wenn das im Spiel Erlebte und Erkannte als etwas Echtes, innerlich Stimmiges akzeptiert und integriert werden konnte und in die Alltagswelt nachträglich zugeordnet wird – oder sie zumindest relativiert.« (Hartmann-Kottek 2012, S. 49 f).

John Dewey (1859–1952) folgend, vertritt die Gestalttherapie die Haltung, man müsse handeln, um zu lernen. Einem Kind einen Wald zu zeigen ist besser, als mit ihm darüber zu reden. Der Patient wird eingeladen, die vermeintliche Sicherheit des »Aboutism« (des Darüber-Redens) aufzugeben und in die Handlung, d. h. in die Erfahrung zu gehen.

Dass dieses Vorgehen mit einem Risiko verbunden ist, liegt auf der Hand. Es gibt immer ein Risiko, wenn ein Mensch durch ein Experiment eingeladen wird, etwas Neues über sich zu entdecken. Aber dieses Risiko wird im schützenden Rahmen der Therapie eingegangen, weswegen Polster und Polster (2002) von einem »sicheren Notfall« sprechen: Das Experiment ist ein Versuch, »die Verbindung zwischen Darüberreden und Handlung wiederherzustellen« (Polster und Polster 2003, S. 224).

Es werden zwei folgende Hauptformen des Experiments unterschieden (s. a. Polster und Polster 2002):

- die Darstellung und
- das gelenkte Verhalten.

Bei der Darstellung geht es darum, bestimmte Aspekte, Eigenschaften, unerledigte Situationen etc. des Patienten zu inszenieren.[20] Das kann mit Hilfe von Rollenspielen, Stuhl-Arbeit, körperlichem Ausdruck etc. geschehen, je nach dem, was die konkrete therapeutische Situation verlangt.

Das gelenkte Verhalten besteht darin, dem Patienten Vorschläge zu unterbreiten, bestimmte (neue und/oder alternative) Verhaltensweisen auszuprobieren. Bspw. einen bestimmten Satz zu einer bestimmten wichtigen Person zu formulieren und zu prüfen, wie sich das anfühlt, welche Veränderungen dadurch im körperlichen Empfinden aufkommen etc.

> »Eine Frau macht z. B. eine Bemerkung über ihre Großmutter und erzählt in ganz normalem Ton weiter. Wenn der Therapeut diese Frau nun auffordert, ihre Großmutter so zu spielen, wie sie ihr in Erinnerung geblieben ist – wie sie da saß, den Kopf wie ein Vogel leicht zur Seite geneigt – dann bekommt das Gespräch einen neuen Fokus. Die Patientin neigt den Kopf, ahmt Großmutters Haltung nach und schaut den Therapeuten mit demselben bescheidenen und liebevollen Ausdruck an, den sie von ihrer Großmutter kannte. Jetzt erst spürt sie, wie es ist, ein so liebevoller Mensch zu sein. Sie errötet angesichts der Lebendigkeit, die das Gefühl mit sich bringt. Früher war ihre Großmutter für die Patientin wie ein Stern, der aus den Tiefen des Universums strahlte, aber sie war nicht mehr Teil ihres täglichen Lebens. Jetzt erwacht sie zu neuem Leben, und zwar in der Haut der Patientin. Diese unendliche Liebe ist nun zu einem Teil der Wirklichkeit geworden. Daneben taucht auch die Trauer auf, die Trauer über das verlorene Geburtsrecht, das mit dem Tod der Großmutter abhanden kam: verloren deshalb, weil sie nun von allen – ihrem Mann, den Kindern, den Kollegen – gebraucht wird, und wenn sie den anderen nicht geben kann, was sie brauchen, fühlt sie sich nicht liebenswert.

---

20 In diesem Zusammenhang wird in der Gestalt-Literatur (bspw. Polster und Polster 2002) von »Dramatisierung« gesprochen. Damit ist – wie im Text bereits erwähnt – das in Szene Setzen gemeint und nicht eine Art »übertriebene Darstellung«, wie vielleicht das Verbum »dramatisieren« suggerieren könnte.

Und dann kann sie auch die anderen nicht lieben. Der Therapeut sagt: ›Seien Sie Ihre Großmutter, und erzählen Sie den anderen von sich.‹ Dem Mann der Patientin erzählt die Großmutter jetzt, wie seine Frau als Kind immer wieder zu ihr kam, wie sie alles wissen wollte und ständig neue Geschichten darüber erzählte, was sie gerade entdeckt hatte. Im phantasierten Dialog erwidert der Mann, dass auch er diese Eigenschaft an seiner Frau so sehr liebt und wie sehr er genau das in letzter Zeit vermisst. Den Kindern erzählt die Großmutter, wie die Patientin aus den unmöglichsten Gegenständen, z. B. einer Holzkiste oder einer alten Decke, neues Spielzeug bastelte und neue Spiele erfand. Die Kinder wenden sich ihrer Mutter (der Patientin) zu und antworten mit der Feststellung, dass sie nie einfach nur mit ihnen spielt und dass sie sich das so sehr wünschen würden, und dass ihnen das gemeinsame Spiel viel wichtiger sei als ein regelmäßiges warmes Essen. Die Patientin, die nun bemerkt, was sie in ihrem Erwachsenenleben aufgegeben hat, spürt den Impuls, wieder die zu werden, die sie einmal war und sich selbst zu unterstützen, da die Großmutter sie nun nicht mehr unterstützen kann.« (Das Fallbeispiel stammt aus Polster und Polster 2002a, o. S.)

Arbeiten mit Polaritäten

Die Arbeit mit Polaritäten dient dazu, im Patienten widerstrebende Kräfte zu identifizieren und zwischen ihnen einen Austausch zu ermöglichen. Nicht selten besteht das Ziel einer psychotherapeutischen Behandlung darin, Hilfestellung bei der Lösung eines Konfliktes im Patienten anzubieten.

»Der Therapeut muss der Erscheinung von Polaritäten besondere Aufmerksamkeit schenken, denn auch wenn sie manchmal offensichtlich erscheinen, erfordert ihre Wahrnehmung doch häufig ein äußerst feines Gespür. Während der harte Typ in barschem Ton erzählt, wie seine Mutter von ihrem Chef ausgebeutet und von ihrem Mann geschlagen wurde, bekommen seine Augen einen feuchten Schimmer. Vielleicht huscht nur ein leises Flackern über seine Augen, eine kaum wahrnehmbare Schwellung der Lippen, oder seine Hand entspannt sich ein wenig. Zunächst könnte er diese noch fremde, weiche Seite leicht übersehen und übergehen; wie lange schon hat er schließlich genau das getan. Und selbst wenn er bereit wäre, diese beiden Seiten seiner selbst einen Dialog miteinander führen zu lassen, wäre dies zunächst ein schwacher, kümmerlicher Dialog, gekennzeichnet durch gegenseitige Missachtung, Verachtung, wenig Engagement und das Gefühl der Sinnlosigkeit – was sollten diese beiden Seiten sich schon zu sagen haben? Dem gegenüber steht der Therapeut, der seine Beobachtungen ins Spiel bringt und dem Patienten dessen Unterschätzung und Zögerlichkeit deutlich macht. Der Patient ist beeindruckt, und der Dialog wird etwas lebendiger. Die beiden Seiten gewinnen mehr Leidenschaft und verlangen sich gegenseitig mehr Anerkennung für ihren Beitrag zur Gesamterfahrung der Person ab. Allmählich wächst die Anerkennung dafür, dass beide auf ihre Art dazu beitragen, die Ganzheit des Individuums zu definieren. Anstatt das eindimensionale Klischee eines harten Typen zu verkörpern, ist er in der Lage, hart und einfühlsam zu sein, also jemand, der gleichzeitig liebevoll und klar oder unverblümt auftreten kann. Er hat die Freiheit, für sich selbst alle möglichen Varianten zu erfinden, sowohl hart als auch weich zu sein. Wenn das geschieht, ist er ganzer geworden und steht dem, was früher schwierig und unwahrscheinlich schien, deutlich offener gegenüber.« (Das Fallbeispiel stammt aus Polster und Polster 2002a, o. S.)

Die gestalttherapeutische Grundhaltung bezüglich Konflikten besteht darin, beide Pole in ihrer jeweiligen Sinnhaftigkeit anzuerkennen. Oft wird es sogar darum gehen, zu einer bestimmten Haltung, einer bestimmten Befürchtung, einem bestimmten Gedanken, einem bestimmten Impuls beim Patienten mit Absicht, d. h. intendiert, eine Gegenposition zu finden.[21]

Eine Variante dieser Technik, ist die *Arbeit mit Gegenteilen*. Hierbei wird der Patient eingeladen, das Gegenteil von dem zu tun, was er gerade

---

21 Hier ist die Gestalttherapie sehr nahe an Friedrich Hegel (1770–1831) und seiner Dialektik (These – Antithese – Synthese).

in der Interaktion mit seinem Therapeuten tut. Dies kann er über die verschiedensten Wege erreichen, bspw. Geschwindigkeit, Gestik, Mimik, Bewegung, Mobilisierung von Energie etc.

Interventionen aus der Situation heraus

Es gibt Interventionen, die sich aus der jeweiligen therapeutischen Situation und der Bewusstheit des Therapeuten heraus entwickeln (Staemmler 1999).

Rückmeldungen bestehen darin, dass der Therapeut sich dem Patienten mit dem zuwendet, was ihm gerade auffällt. Bspw. kann es sein, dass ein Patient, während er über seine Trennung spricht, mit seinem rechten Arm seinen linken Oberarm streichelt. Dem Therapeuten fällt das auf und er teilt dies dem Patienten grenzwahrend mit: »Mir fällt gerade auf, dass Sie, während Sie über Ihre Einsamkeit sprechen, sich selbst streicheln …«. Dies kann dem Patienten selbst nicht aufgefallen sein und im weiteren Verlauf kann dieses Verhalten exploriert werden.

Alternativ kann der Therapeut auch – bezogen auf dasselbe Verhalten des Patienten – mit der *Mitteilung von persönlichen Resonanzen* arbeiten. Bspw. kann er äußern: »Während Sie sprechen, fühle ich Einsamkeit. Passt mein Gefühl zu dem, was Sie mir gerade erzählen? Wie geht es Ihnen damit?«

Realphantasien können in der beschriebenen Beispielsituation ebenfalls als Technik eingesetzt werden, bspw.: »Wenn ich mir gerade anschaue, wie Sie sich selbst streicheln, entsteht in mir der Eindruck, dass Sie sich einsam fühlen. Stimmt das?«

Selbstredend verlangen diese Interventionen Erfahrung und größtes Fingerspitzengefühl. Der Therapeut darf nie aus den Augen verlieren, dass er für seinen Patienten eine sehr »mächtige« Figur ist. Oft sind die Therapeuten sehr schnell mit der Verbalisation einer Rückmeldung, einer persönlichen Resonanz oder einer Realphantasie, während der Patient zu große Bereitschaft mitbringt, unüberprüft dieses Angebot (mehr kann es nicht sein) als »wahr« und »stimmig« für sich anzuerkennen. So sorgt der unbedachte Therapeut im ungünstigsten Fall dafür, bei seinem Patienten noch mehr Introjekte aufzubauen bzw. bestehende zu zementieren.

Paradoxe Interventionen

Grundgedanke dieser Art therapeutischen Handelns ist, im innerpsychischen System des Patienten eine Irritation herbeizuführen, durch die er aber in die Lage versetzt wird, nicht überprüfte Annahmen und Überzeugungen von sich zu relativieren. Paradoxe Interventionen sollen demnach dem Patienten helfen, fixierte Gestalten aufzulösen.

Paradox zu intervenieren ist nicht nur für die Gestalttherapie typisch, sondern wurde und wird von vielen therapeutischen Schulen verwendet (wie bspw. von Watzlawick oder bei Frankl und seiner »paradoxen Intention«, die oft mit Symptomverschreibung gleichgesetzt wird).

Beispielsweise kann ein Patient, der Angst davor hat, ein Gespräch mit einer Frau zu beginnen, und sich gleichzeitig dafür schämt, gebeten werden, explizit sich selbst im Kontakt mit besagter Frau wiederholt den Satz zu sagen »Ich werde heute nicht mit ihr sprechen!« Im Anschluss wird es darum gehen, zu prüfen, wie sich der Patient dabei gefühlt und empfunden hat, ob Widerstände aufgekommen sind, vielleicht ja sogar der Wunsch, tatsächlich das Gespräch zu beginnen, anstatt es ständig zu vermeiden, vielleicht Wut, aber auch Schuld oder Scham. Mit diesen inneren Anteilen kann der Therapeut versuchen weiterzuarbeiten, bis eine Versöhnung erreicht ist.

> **Exkurs: Arnold Beisser und die Paradoxe Theorie der Veränderung**
>
> Arnold Beisser (1925–1991) war Gestalttherapeut und Professor für Psychiatrie an der University of California, Los Angeles. In seiner Kindheit und Jugend ein begeisterter Tennisspieler, erkrankte er in seinem 25. Lebensjahr an Kinderlähmung und war seitdem zeitlebens an den Rollstuhl gefesselt. In seinem Versuch, einen Umgang mit dieser schrecklichen Situation zu finden, entwickelte er die »Paradoxe Theorie der Veränderung«, deren Kernaussage ist:
>
>> »Veränderung geschieht, wenn jemand wird, was er ist, nicht wenn er versucht, etwas zu werden, das er nicht ist. Veränderung ergibt sich nicht aus

> einem Versuch des Individuums oder anderer Personen, seine Veränderung zu erzwingen, aber sie findet statt, wenn man sich die Zeit nimmt und die Mühe macht, zu sein, was man ist; und das heißt, sich voll und ganz auf sein gegenwärtiges Sein einzulassen.« (Beisser 1997, S. 144; s. a. Beisser 1998).[22]
>
> Das Buch, in dem er diese Theorie eingehend beschreibt, trägt den bezeichnenden Titel »Wozu brauche ich Flügel? Ein Gestalttherapeut betrachtet sein Leben als Gelähmter« (Beisser 1997). Beisser bezieht sich dabei nicht nur explizit auf Fritz Perls, sondern stellt seine Theorie als die Veränderungstheorie der Gestalttherapie vor:
>
> »Perls' persönlicher Konflikt mit der bestehenden Ordnung enthält den Keim seiner Veränderungstheorie. Er hat diese nicht explizit ausgearbeitet, aber sie liegt einem großen Teil seiner Arbeit zugrunde und ist implizit in den Techniken der Gestalttherapie enthalten. Ich werde sie die paradoxe Theorie der Veränderung nennen. Indem der Gestalttherapeut es ablehnt, die Rolle dessen zu übernehmen, der Veränderung »herstellt«, schafft er die Voraussetzung für sinnvolle und geordnete Veränderung.« (Beisser 1998).[23]

Wiederholung und Verstärkung (Übertreibung)

Eine ebenso einfache, wie wirksame therapeutische Technik der Gestalttherapie ist die Wiederholung und Verstärkung (Übertreibung). Mit Hilfe von Übertreibungen kann der Therapeut dafür sorgen, dass der Patient besonders deutlich einen bestimmten innerpsychischen Zustand wahrnehmen kann, weil dadurch Gewahrsein und Erleben gesteigert werden. Bspw. kann dies eingesetzt werden, wenn er in einer Sequenz besonders leise spricht. Der Therapeut kann in diesem ihn einladen, sein Flüstern zu übertreiben. Durch diese Strategie wird ein bestimmter psychosomatischer Zustand intensiviert und dadurch besser für den Patienten erfahrbar gemacht. Dieser kann nun anerkannt und auf diesem Wege integriert werden.

---

22 S. a. http://www.gestalt.de/beisser_paradox.html (Zugriff am 14.02.2016).
23 Der interessierte Leser findet einen kurzen, aber sehr interessanten Film unter folgendem Link: https://www.youtube.com/watch?v=vW75TxFeACs (Zugriff am 14.02.2016).

Ähnlich kann diese Intervention eingesetzt werden, wenn bspw. der Patient während seiner Erzählung eine bestimmte Gestik mit seinen Armen und Händen macht (z. B. ausladende Bewegungen). Auch hier kann der Therapeut den Patienten einladen, diese Gestik zu verstärken, die Bewegungen ausladender zu machen und zu entdecken, was diese Verstärkung mit ihm und in ihm auslöst.

Hintergrund: Der Patient behandelt in der aktuellen Sitzung sein Rauchverhalten. Obwohl es ihn deutlich stört und er den Wunsch hat, damit aufzuhören, kann er es nicht.

Patient: »Ich verstehe, dass ich aufhören sollte! Ich weiß, dass Rauchen ungesund ist und ich merke auch, dass es mir nicht gut tut … Aber ich kann es einfach nicht …!«
Therapeut: »Sind Sie einverstanden, ein kleines Experiment zu machen?«
Pat.: »Ja, welches …?«
Th.: »Wenn Sie möchten, wiederholen Sie bitte Ihren letzten Satz. Sie sagten ›Aber ich kann es einfach nicht‹«.
Pat.: »Ich kann es einfach nicht …«
Th.: »Bitte noch einmal …«
Pat.: »Ich kann es einfach nicht …«
Th.: »Sehr gut. Bitte noch einmal …«
Pat.: »Ich kann es einfach nicht …«
Th.: »Sehr gut. Wie fühlen Sie sich, wenn Sie diesen Satz sagen?«
Pat.: »Nicht gut …«
Th.: »Darf ich Sie bitten, mir zu sagen, was genau Sie damit meinen?«
Pat.: »Ich schäme mich …«
Th.: »Ich verstehe Sie richtig: Sie schämen sich, sich selbst gegenüber zuzugeben, dass Sie es nicht schaffen, aufzuhören?«
Pat.: »Ja, ich schäme mich dafür …«
Th.: »Und wie fühlt es sich an, wenn Sie mir gegenüber zugeben, dass Sie sich schämen …?«
Pat.: »Es fühlt sich etwas leichter an …«
Th.: »Wenn Sie zugeben, dass Sie es nicht schaffen, dann wird es leichter?«

Pat.:	»Ja ...«
Th.:	»Wie erklären Sie sich das?«
Pat.:	»Ich möchte mich nicht mehr vor mir selbst verstecken müssen ...«
Th.:	»Sind Sie einverstanden, auch diesen Satz zu wiederholen?«
Pat.:	»Ich möchte mich nicht mehr vor mir selbst verstecken müssen ...«
Th.:	»Noch einmal?«
Pat.:	»Ich möchte mich nicht mehr vor mir selbst verstecken müssen ...«
Th.:	»Wenn's geht, bitte noch mal ...«
Pat.:	»Ich möchte mich nicht mehr vor mir selbst verstecken müssen ...«
Th.:	»Wie ist es nun für Sie?«
Pat.:	»Die Erleichterung wird größer ...«
Th.:	(Schmunzelnd) »Darf ich Ihnen eine Zigarette anbieten?«
Pat.:	»Nein, danke – jetzt nicht ...!«
Th.:	»Wie kommt es, dass Sie nun Nein sagen können?«
Pat.:	»Weil ich es nicht muss ...«

Stuhl-Dialoge

Wenn es eine gestalttherapeutische Technik gibt, die als »typisch« zu bezeichnen ist, dann ist es ohne Zweifel die Arbeit mit Stühlen in ihren verschiedenen Varianten (Staemmler 1995). Angefangen vom »leeren Stuhl«, über die »Zwei-Stuhl-Technik« bis hin zur »Mehr-Stuhl-Technik« bietet diese Methode dem Therapeuten ein sehr mächtiges Instrument, seinem Patienten neue, korrigierende Erfahrungen zu ermöglichen. Ein Begriff, der von Fritz selbst erfunden wurde und sich seit dem bis heute gerettet hat, ist der sogenannte »hot seat«, womit ursprünglich der Stuhl des Patienten gemeint war, der in einer Gruppe mit Fritz selbst gearbeitet hat.[24]

---

24 Die Bezeichnung »hot seat« ist etwas makaber, denn im Amerikanischen gilt sie als Synonym für den elektrischen Stuhl (s. a. Abram 2013).

Etwas komplex formuliert könnte man sagen, dass die Stuhl-Arbeit die externalisierte Bearbeitung von konfliktären inneren Repräsentanzen bedeutet. Innerpsychische Anteile, die zueinander in einem konfliktären Zustand stehen, werden aus der inneren Welt des Patienten externalisiert, d. h., nach außen gebracht, und dort in einen konstruktiven Dialog gesetzt, anstatt jedes Mal die Folgen des ungelösten Streits zu erleiden. Dadurch werden sie auf eine andere Weise dem Erleben und dem Fühlen näher gebracht (s. a. Abram 2013). Zudem eignet sich die Technik dazu, den Patienten in einen imaginativen Dialog mit anderen Personen oder Themen zu bringen. Etwas vereinfacht formuliert könnte man sagen, bei der Stuhl-Arbeit handelt es sich um eine künstlich hergestellte Identifizierung. Perls selbst beschreibt den leeren Stuhl wie folgt: »Der leere Stuhl ist leer und wartet darauf, mit eingebildeten Menschen und Dingen besetzt zu werden.« (Perls 1981, S. 271). Am häufigsten geht es darum, den sogenannten Topdog mit dem Underdog in eine Beziehung zu bringen, wobei ersterer für das Gewissen (dem Über-Ich von Freud vergleichbar) und Letzterer für den Teil steht, der kontrolliert und im extremen Fall unterdrückt wird[25].

Um diese Technik besser zu verstehen, wollen wir uns eines einfachen, aus dem Alltag stammenden, nicht pathologischen Beispiels bedienen: Jemand wacht morgens auf und während er seinem Morgenritual im Bad nachgeht, entsteht in ihm der Impuls, sein Gewicht zu prüfen. Er stellt sich auf die Waage und die Anzeige führt in ihm zu einem Entsetzen: er hat 7 kg zugenommen. Der Schock sitzt tief. Er hat zwar schon gemerkt, dass in letzter Zeit die Hemden und Hosen etwas mehr spannen, aber er hätte nie gedacht, dass es 7 kg sind ... Diese »neue Erfahrung« trifft ihn sehr; er macht sich Vorwürfe, ist wütend auf sich selbst und »jemand« in ihm trifft die Entscheidung, er müsse abnehmen. Er nimmt sich bestimmtes vor: er wird weniger essen, auf Süßes verzichten, ebenso auf Alkohol. Er wird ab sofort (vielleicht geht es schon an diesem Abend) mehr Sport treiben und grundsätzlich muss es einen Lebenswandel geben. Am Frühstückstisch ist

---

25 Auch wenn der Topdog mit dem Über-Ich-Konzept von Freud verwandt ist, gilt das nicht für den Underdog. Dieser ist nicht mit seinem Konzept vom Es gleichzusetzen. Für Perls ist der Underdog nicht unbedingt unbewusst.

der Impuls (resultierend aus dem Schock, nachdem er sein Gewicht gesehen hat) noch stark: er süßt seinen Kaffee nicht, verzichtet auf Butter und Honig, isst sein Brötchen ohne Belag. Es schmeckt ihm nicht, aber man kann es essen und schließlich geht es um seine Gesundheit und da kann man schon mal auf etwas verzichten. Mittags in der Kantine verzichtet er auf das deftige Menü, bedient sich deutlich üppiger vom Salatbuffet. Das Nachmittagstief setzt nicht ein, denn er hat keine Kohlehydrate zu sich genommen; eine erste Belohnung seiner schon begonnenen Bemühungen dieses Tages. Am Nachmittag überrascht ihn eine Kollegin mit der Nachricht, sie habe an diesem Tag Geburtstag und habe aus diesem Anlass einen Kuchen mitgebracht; die Kollegen sind herzlich eingeladen. Unglücklicherweise handelt es sich bei dem Kuchen um den Lieblingskuchen unseres Hauptdarstellers: Schwarzwälder Kirschtorte. In ihm ist der Teil, der den ganzen Tag die Vorherrschaft hatte und ihn davon abgehalten hat, sich »falsch« zu ernähren, nun mittlerweile geschwächt. Zu viel wurde von ihm abverlangt. Der andere, dem Süßen sehr zugeneigte Teil konnte sich hingegen diese Zeit ausruhen und ist nun wieder kräftig. Er merkt, dass er der Schwarzwälder Kirschtorte nicht mit der gleichen Abwehr begegnet, wie dem Belag seines Frühstücksbrötchens. Er nimmt nicht gleich ein Stück, sondern hält sich noch zurück, hoffend, er könne durchhalten. Plötzlich kommt ihm die Idee, er könne doch nur die Hälfte essen – am besten die zur Spitze des Kuchenstücks hin. Es könnte eine Belohnung für seine Restriktion sein. Je länger er darüber nachdenkt, desto »natürlicher« kommt ihm diese vor; beinahe wie eine verdiente Belohnung für seinen Versuch. Er gibt seinem Impuls nach, greift nach dem (halben) Tortenstück, nimmt es in seinen Mund, aber der erhoffte Genuss hält sich in Grenzen. Natürlich schmeckt es ihm, aber zu stark ist noch sein schlechtes Gewissen. Bissen für Bissen obsiegt der Tortenteil; die zweite Hälfte wird nun auch zum Objekt seiner Begierde.

In der einen oder anderen Form kennt jeder dieses Beispiel. Der »Torten-Teil« und der »Nicht-Torten-Teil« in diesem Menschen sind in einem Konflikt miteinander. Beide haben gute Argumente, wollen – aus ihrer Perspektive heraus – das Beste, aber sie können nicht beide gleichzeitig befriedigt werden. Die Gestalttherapie setzt in solchen Situationen die Stuhl-Technik in verschiedenen Varianten ein:

- *Ein-Stuhl-Technik:* Die Ein-Stuhl-Technik dient als Erstes der Externalisierung und Exploration eines innerpsychischen Anteils. Im obigen Beispiel kann einer der beteiligten Anteile (der Torten- oder der Nicht-Torten-Teil) aus der Person herausgenommen und auf einen Stuhl projiziert werden. Dort kann die Person diesen bspw. explorieren und dadurch besser kennen lernen.
- *Zwei-Stuhl-Technik (mit oder ohne Dialog):* Bei der Variante mit zwei Stühlen können zwei Anteile externalisiert werden, die somit nicht nur exploriert werden, sondern auch miteinander in einen Dialog treten können (»Perspektivenwechsel« nach Hartmann-Kottek 2012). Unter dieser »technischen« Bedingung ist ein Austausch möglich, der sonst nicht stattfindet. Im obigen Beispiel sind der Torten-Anteil und der Nicht-Torten-Anteil im Clinch; es geht um Recht haben oder nicht Recht haben, aber nicht darum, sich gegenseitig kennenzulernen, mit den jeweiligen Grundmotiven und -bedürfnissen. Sobald dieses Kennenlernen möglich ist, ändert sich in den meisten Fällen die gegenseitige Haltung. Um bei dem Beispiel zu bleiben: Es kann sich durch den Zwei-Stuhl-Dialog bspw. herausstellen, dass das Grundmotiv des Torten-Anteils »Lust« ist, während der Nicht-Torten-Anteil nach dem Prinzip »Ratio« funktioniert. Beide Anteile haben, von ihrer eigenen Perspektive her betrachtet, Recht. Dem Leben ist sowohl mit Lust als auch mit Ratio zu begegnen, doch wenn beide nicht miteinander im Kontakt sind, dann müssen sie gegeneinander arbeiten. Beide sitzen auf der Lauer und harren eines Moments entgegen, in dem der andere nicht aufpasst, so dass der eine kurz die Führung übernehmen kann. Entsprechend isst der Mensch dann von der Torte oder er verzichtet genau darauf. Kommen beide zusammen, lernen sie sich auf eine differenzierte Weise kennen, dann ist es möglich, dass sie miteinander anstatt gegeneinander arbeiten. Das Ergebnis könnte sein, dass der Torten-Teil »einsieht«, es ist notwendig, sich zurückzuhalten und vielleicht nur einmal in der Woche in den Vordergrund zu treten (und ein Stück Torte zu essen), bis ein bestimmtes Ziel erreicht ist (bspw. Minderung des Gewichts). Der Unterschied zum ersten Fall (die Anteile haben keinen »Deal« miteinander), liegt in genau diesem Umstand: sie berücksichtigen nicht die Position des anderen, so dass dieser nicht in die Lösung dieses Konfliktes mit einbezogen wird.

Die hier beschriebene »Versöhnung« muss nicht immer in dem Sinne »positiv« sein. Bspw. kann es sein, dass dem Nicht-Torten-Teil der Vortritt überlassen wird, jedoch diese Entscheidung eine »schmerzhafte« ist, denn sie beruht auf der Einsicht, dass sich sonst gesundheitliche Probleme ergeben können und der Mensch sich deswegen zurückhalten muss, wenn er mit »Süßem« konfrontiert ist.

- *Mehr-Stuhl-Technik (mit oder ohne Dialog):* Diese Variante der Stuhl-Arbeit kann als Erweiterung der Zwei-Stuhl-Technik verstanden werden. Entsprechend gilt alles, was bisher für die Zwei-Stuhl-Technik gesagt wurde, nur dass in diesem Fall mehr als zwei Anteile am Austausch beteiligt sind.

Einen festen Ablaufplan im Rahmen der Anwendung dieser Technik gibt es nicht (▶ Kap. 5.1 Typischer Ablauf). Zudem kann die Technik der Stuhl-Dialoge auch diagnostisch eingesetzt werden, um bspw. die wichtigen inneren Anteile in einem Patienten zu identifizieren (vgl. Schneider 1990).

Reaktualisierung im Hier und Jetzt

Die folgende gestalttherapeutische Technik, die Reaktualisierung im Hier und Jetzt, ist eng mit der gestalttherapeutischen Kritik an der damaligen Psychoanalyse verbunden und zugleich einer der Hauptunterschiede zwischen beiden Verfahren. Während die klassische Psychoanalyse den Fokus auf die Verarbeitung von Vergangenem, in der Regel sind das Kindheitserlebnisse, legt, gibt die Gestalttherapie der Vergangenheit eine andere Bedeutung. Es wäre unrichtig, würde man sagen, die Gestalttherapie misst der Vergangenheit gar keine Bedeutung bei. Nicht zu vergessen an dieser Stelle: Fritz Perls war ausgebildeter klassischer Psychoanalytiker. Vielmehr versucht der Gestalttherapeut, die Vergangenheit seines Patienten im Hier und Jetzt zu reaktualisieren; d.h., es geht nicht primär darum, »über« die Vergangenheit zu sprechen, sondern vielmehr darum, sie in die Gegenwart, im aktuellen Kontakt zwischen Therapeut und Patient, zu bringen. Natürlich ist es so, dass diese Reaktualisierung »nur« die Abbildung einer Abbildung einer Abbildung usw. dessen ist, was wirklich geschehen ist. Aber letztendlich geht es genau darum: wie erlebt sich der Patient in dem

Moment, in dem er seine Vergangenheit seinem Therapeuten erzählt. Insofern ist letzterer nur daran interessiert, *wie* sich die Vergangenheit in der aktuellen Therapiesituation, im jeweiligen Hier und Jetzt, abbildet.

Dieselbe Haltung vertritt die Gestalttherapie auch gegenüber der Zukunft. Denn diese existiert nur in Form von Imagination, aber nicht in Wirklichkeit. Ob diese Manifestationen tatsächlich den Weg in die Wirklichkeit finden werden, ist nicht sicher. Sicher ist hingegen, dass der Patient diese spezifischen Imaginationen über seine Zukunft hat und das stellt für ihn, aber auch für seinen Therapeuten, die aktuelle Wirklichkeit dar.

Einfach und etwas überspitzt formuliert, könnte man sagen: Was in der Vergangenheit geschehen ist oder in der Zukunft geschehen wird, wird ins Hier und Jetzt geholt. Dadurch bekommt es erst Bedeutung und mit dieser Bedeutung wird der Gestalttherapeut arbeiten.

Statuenarbeit und Verraumen

Wird der Patient gebeten, eine bestimmte Haltung, Geste o.ä. einzunehmen und diese »einzufrieren«, spricht man von der sog. Statuenarbeit (s. a. Abram 2013). Diese dient dazu, Erstarrung als therapeutisches Mittel einzusetzen. So kann es bspw. sein, dass ein bestimmter Gesichtsausdruck oder eine bestimmte Körperhaltung, ist sie erst mal »eingefroren«, dazu führt, dass der Patient sie besser, sozusagen unter dem Mikroskop, betrachten und sich der damit einhergehenden Gefühle, Gedanken und Empfindungen gewahr werden kann.

Das Thema eines Patienten kann außerdem im Raum, bspw. mit den darin befindlichen Gegenständen, dargestellt und damit gleichzeitig externalisiert und verortet werden. Diese als Verraumen bezeichnete Technik dient dazu, dem Patienten dabei zu helfen, eine innere Szene nach außen zu verlagern, also auch hier zu externalisieren, und mit ihr dadurch in eine intensiveren Kontakt zu treten.

Skillful Frustration

Den Patienten auf eine gute Weise (»skillful«) zu frustrieren und dies auf der Basis einer wertschätzenden und supportiven Beziehung zu tun, ist ebenfalls ein Kernelement der gestalttherapeutischen Arbeit. Anders als im Alltag, wo die Nichtbefriedigung eines Bedürfnisses mit Kontaktabbruch einhergehen kann, versucht der Gestalttherapeut mit dieser Technik genau das Gegenteil: Er befriedigt ein Bedürfnis seines Patienten nicht, jedoch tut er dies im Kontakt bleibend, so dass ein weiterer Austausch möglich ist, bspw. darüber, warum es nicht befriedigt wurde.

Der »frühe Perls« hat oft (vielleicht sogar zu oft) auf diese Technik zurückgegriffen, und da sie augenscheinlich sehr aktivierend ist, wurde sie von der ersten Generation nach ihm z. T. unüberprüft übernommen, mit oftmals sehr negativen Resultaten. Ein kurzer Ausschnitt eines Transkripts einer Arbeit von Fritz Perls mit einem Gruppenteilnehmer namens »John« (Perls 2014, S. 212 f) soll als eingängliches »schlechtes Beispiel« dienen:

> John: Wenn ich mich in Gedanken so durch das Ganze gehen sehe, was …
> Fritz: Rede mit deinen Gedanken.
> J: Aber ich sehe mich in Gedanken da durchgehen, wo …
> F: Rede mit deinen Gedanken.
> J: Ich will mit dir reden.
> F: Na gut. Dankeschön. Wer ist der nächste?
> John lässt aber nicht locker; der Faden wird nach einer kurzen Zwischensequenz wieder aufgenommen:
> F: Sag den gleichen Satz den Zuhörern. ›Ich bin Gott …‹
> J: Aber die gibt's doch.
> F: Sag den gleichen Satz zu den Zuhörern.
> J: Ich bin Gott. Euch gibt es nicht.
> F: *Das* hast Du nicht gesagt.
> J: Ich habe vergessen, was ich sagte.
> F: Also, dann geh runter vom Podium.
> J: Das ist doch das Feindseligste, was ich je gehört habe, verdammt nochmal. Warum lässt du mich denn das nicht herausarbeiten?
> F: Weil du jeden Schritt sabotierst.
> J: Ich habe nur … du hast mir ja noch kaum eine Chance gegeben. Ich habe zwei Dinge gesagt.
> F: Ja.

J: Und du willst mich gleich zum Klo hinunterspülen. *Warum* denn bloß? Ich glaube nicht, dass das fair ist.
F: Das stimmt, ich bin nicht fair. Ich arbeite.

Um keinen unrichtigen Eindruck beim Leser zu erwecken: Liest man das gesamte Transkript, so stellt sich heraus, dass Fritz mit John – nach einer anspruchsvollen Arbeit – ein sehr gutes und versöhnliches Ende findet, das auch für John mit Erfahrungszugewinn und Wachstum verbunden ist. Das Frustrieren seines Bedürfnisses am Anfang der Arbeit, die Abwehr seines »Manipulationsversuches« und sein nicht Einlassen auf einen Kontakt zu Fritz konnten gut aufgefangen und aufgelöst werden. Nichtsdestotrotz wäre die Art der Einleitung der gemeinsamen Arbeit für das heutige therapeutische Grundverständnis nicht angemessen und würde einem Kunstfehler sehr nahe kommen, vor allem wenn es sich um »wirkliche« Patienten mit einer schweren psychischen Erkrankung handelt und nicht um relativ stabile Gruppenmitglieder, die auf der Suche nach Persönlichkeitswachstum sind.

Weitere Möglichkeiten, mit »skillful frustration« zu arbeiten, sind:

- *Zurückspiegeln* seitens des Therapeuten. Der Patient berichtet bspw. auf welche Art und Weise er sich einer Frau angenähert hat, die ihn jedoch abwies. Der Therapeut kann bspw. sagen: »Mir ist eben Ihr Gesicht und der Ausdruck darin aufgefallen. Wenn Sie das gleiche Gesicht dabei gemacht haben, dann muss ich gestehen, verwundert es mich nicht, dass Sie abgewiesen wurden ...«
- *Logische Brüche* bzw. *Widersprüche*. Wenn der Patient sich bspw. über ein Verhalten einer Person ihm gegenüber ärgert, aber das nicht zum Ausdruck bringt, sondern »kuscht«, dann kann der Therapeut ihn »skillful« mit diesem Widerspruch konfrontieren, bspw.: »Ich erlebe es als Widerspruch, dass Sie einerseits verärgert sind und andererseits aber sich dem doch fügen. Welchem Zustand in Ihnen soll ich nun glauben?«
- *Gezielte Provokationen* seitens des Therapeuten. Bspw. kann der Therapeut (vorausgesetzt die Beziehung verträgt es und der Patient ist stabil genug) damit arbeiten, dem Patienten mitzuteilen, dass er »mogelt« oder dass er »nicht die ganze Wahrheit« sagt.

Umgang mit Widerstand

> »… all die sogenannten Widerstände wurden ursprünglich als Stütze für etwas in einer bestimmten Situation erworben, gewöhnlich in einer frühen Situation. Und wenn es zu jener Zeit nützlich war, tendiert es dazu, automatisch zu werden, man verlässt sich darauf, und was automatisch ist, entgeht unserer Bewusstheit: ›So bin ich; so war ich immer; ich kann nichts daran ändern.‹ Und was wir in der Gestalttherapie tun, ist, das fixierte Verhalten, die fixierten Muskelspannungen, die fixierten Ideen, Prinzipien und ideale zu entautomatisieren.« (L. Perls 2005, S. 131).

Wie bereits beschrieben, ist Widerstand für die Gestalttherapie in dem Sinne »sinnvoll«, als dass er die Funktion hat, den Menschen vor etwas (meist sind das bestimmte negative emotionale Zustände) zu beschützen. Es kann bspw. sein, dass ein Patient einem bestimmten Interventionsvorschlag seitens seines Therapeuten mit Widerstand begegnet. Dieser Widerstand »schützt« den Patienten möglicherweise davor, einen bestimmten emotionalen Zustand erleben zu müssen, bspw. Scham, Schuld, Enttäuschung etc.

Insofern wird der Gestalttherapeut – auch hier – als erstes eine phänomenologische Perspektive einnehmen und den Patienten einladen, seinen Widerstand zu beschreiben, so wie er ihn aktuell wahrnimmt. Als nächstes kann er ihn bitten, diesen zu explorieren (bspw. »Sei der Widerstand …«), ihm die Möglichkeit zu geben, sich auszudrücken (bspw. »Was würde der Widerstand sagen, wenn er einen Mund hätte?«) oder ihn zu inszenieren (bspw. »Welche Körperhaltung entspricht am ehesten Ihrem Widerstand?«). Dadurch steigert der Therapeut die Identifikation seines Patienten mit seinen widerstrebenden Anteilen; er beginnt, diese als Teile seines eigenen Selbst wahrzunehmen. Es kann nun ein Dialog mit dem Widerstand begonnen werden. Bspw. kann dieser auf einen leeren Stuhl gesetzt und ihm kann die Möglichkeit gegeben werden, sich zu äußern, und auf diese Äußerungen kann der Patient reagieren. Aus der Erfahrung zeigt sich, dass Fragen wie bspw. »Wie alt bist Du?«, »Welchen Zweck verfolgst Du?«, »Welche Umstände haben dazu geführt, dass Du in die Welt gekommen (geboren) bist?« sehr hilfreich sein können, die Sinnhaftigkeit seines Daseins zu explorieren.

In den meisten Fällen wird es allein dadurch zu einer Änderung der emotionalen Haltung des Patienten gegenüber seinem Widerstand kommen und es formt sich langsam ein Interesse an seiner Existenz. Diese wohlwollende Haltung kann dem Widerstand gegenüber wiederum geäußert werden und er kann sich – sehr oft zum ersten Mal – dadurch gesehen fühlen. Nun passiert häufig etwas Paradoxes: sobald der Widerstand gesehen wird, verringert sich seine energetische Potenz. Er wird weniger als »störend« erlebt; vielmehr erzeugt er Mit-Gefühl. Nun kann man damit anfangen, ihn in das »Gesamtsystem« zu integrieren. So kann es bspw. sein, dass der Patient seinen Widerstand vor seinem geistigen Auge als Mauer sieht. Bei näherer Exploration dieser Mauer kann sich ergeben, dass sie ihn einerseits schützt, andererseits aber auch vereinsamen lässt. Nun kann er explorieren, welche Umstände dazu geführt haben, diese Mauer aufzubauen, bspw. als er in seiner Kindheit entdeckte, wie sensibel er auf die äußeren Einflüsse seiner Umwelt reagiert hat. Die Existenz des Widerstands bekommt dadurch einen Sinn. Als Erwachsener leidet er nun darunter, extrem empfindsam, aber gleichzeitig auch extrem einsam zu sein.

(Ent-)Identifizierung

Das Verbum »identifizieren« kann in der Psychologie auf unterschiedliche Weise verstanden werden. Einerseits hat es eine negative Konnotation, denn wenn jemand mit etwas identifiziert ist, dann impliziert dies, er sei diesem Etwas zu nah, die Grenzen seien verschwommen oder gar verloren. Auf der anderen Seite kann es aber auch positiv gemeint sein; bspw. gilt es in der Berufswelt als erstrebenswerter Zustand, sich mit seiner Position, Arbeit, Tätigkeit, seinem aktuellen Projekt usw. zu identifizieren. Ein solcher Mitarbeiter setzt sich ein, macht etwas zu seinem eigenen Thema und kümmert sich entsprechend genau und intensiv darum.

Es ist sinnvoll, beide Bedeutungen dieses Wortes im Hinterkopf zu behalten, wenn es in diesem Kapitel um die therapeutische Bearbeitung von Themen mit Hilfe dieser Technik geht, denn der Prozess des Identifizierens kann in beide Richtungen verlaufen: einerseits gibt es Patienten, die zu stark mit inneren oder äußeren Aspekten identifiziert sind (sog. »fixierten Gestalten«). In solchen Fällen wird es darum gehen, zuerst ein Gewahrsein dafür zu erarbeiten, dass sie überhaupt mit dieser Gestalt in solch einem Ausmaß identifiziert sind. Im Anschluss kann geprüft werden, wie sie zu dieser Identifikation stehen, denn es kann sich sehr wohl um eine sinnvolle, nützliche und für sie hilfreiche handeln; andernfalls können die Patienten natürlich auch die Entscheidung treffen, sie zu relativieren und gegebenenfalls aufzugeben, d. h. sich zu ent-identifzieren.

Andererseits gibt es aber auch Patienten, die stets bestrebt sind, zum Teil sogar ihr gesamtes Leben darauf aufbauen, mit bestimmten inneren und äußeren Elementen auf keinen Fall identifiziert zu sein. In solchen Fällen wird das anfängliche Ziel ebenfalls sein, ein Gewahrsein über den Widerstand, sich damit zu identifizieren, zu entwickeln. Nachfolgend ist der Patient mit Hilfe seines Therapeuten eingeladen, genau zu explorieren, worin die Sinnhaftigkeit dieses Widerstands besteht. So kann es beispielsweise sein, dass ein Mensch sich aufgrund von frühen Erfahrungen entscheidet, nicht »schwach« zu sein, wobei er Schwäche mit dem Zeigen von Gefühlen gleichsetzt. Er ist somit mit der Idee, nicht mit seinen Gefühlen identifiziert zu sein, identifiziert. Bringt ihn das Leben in Situationen, die mit intensiven Gefühlszuständen assoziiert sind, so setzt er alles daran, diese nicht zu zeigen; in extremen Fällen kann er sogar versuchen, diese Gefühle vor sich selbst zu verbergen. Sobald ein solcher Patient anerkennen kann, dass er diese Strategie überhaupt wählt, arbeitet der Gestalttherapeut mit ihm – wie weiter oben bereits erwähnt – die Sinnhaftigkeit dieser Strategie heraus. Meistens wird sich herausstellen, dass er guten Grund hatte, diesen Weg des Umgangs mit seinen Gefühlen zu wählen. Wenn es ihm gelingt, Verständnis dafür zu entwickeln und diesen Teil in sich, der meist ein entwicklungsgeschichtlich jüngerer ist, zu akzeptieren, entsteht in ihm die Freiheit, bei der nächsten Gefühlskonfrontation zu entscheiden, ob er Gefühle zeigen mag oder nicht. Auch hier ist Ent-Identifizieren das Ziel.

Wenn wir beide Beispiele zusammenhängend betrachten, zeigt sich sehr deutlich, dass der Prozess des Identifizierens dann problematisch (pathologisch) wird, wenn er rigide ist: Etwas muss immer sein oder passieren vs. etwas darf (nie) sein oder darf nie passieren. Im Grunde genommen wird der Gestalttherapeut stets versuchen, diese Rigidität in der Identifizierung zu relativieren. Es wird also auch hier um die Integration der »positiven« mit den »nicht positiven« Seiten der Identifizierung gehen: Zuerst gilt es, eine Ent-Identifizierung zu erreichen (das Zuviel an Identifizierung zu relativieren), jedoch um sich dann doch auch mit dem Gegenpol identifizieren zu können (das Zuwenig an Identifizierung zu relativieren). Anders formuliert: Derjenige, der bestrebt ist, sich mit etwas nicht zu identifizieren, muss lernen, sich auch damit zu identifizieren, und derjenige, der nur mit etwas identifiziert ist, muss lernen, sich auch nicht damit zu identifizieren (vielleicht sogar mit dem Gegenteil).

Kreative Übungen

Verfügt der Gestalttherapeut über genügend Erfahrung, so ist er sehr frei in der Wahl des Mediums, welches er einsetzen kann, um bei seinem Patienten Awareness und Kontakt zu fördern. Außer der Brücke über die Sprache stehen ihm Tanz, Gesang, Körper, Puppen, Metaphern, Gegenstände, Malen usw. zur Verfügung – je nach dem, was die Situation gerade verlangt (s. a. Bloomberg 1988; Downing 1996; Feldenkrais 1996; Frohne-Hagemann 1999).

Mit Hilfe von kreativen Übungen kann sich der Patient identifizieren oder ent-identifizieren, (re-)inszenieren, distanzieren usw. Allgemein können solche Übungen als »Ebenen-Wechsel« verstanden werden, wobei die Ebene des konkreten Problems des Patienten verlassen und eine Parallel-Ebene aufgebaut wird, in der das Problem eine Transformation erfährt und dadurch deutlicher und besser verstehbar ist. Das nachfolgende Fallbeispiel (»Mir sind die Hände gefesselt ...«) soll das verdeutlichen.

> Ein Patient berichtet von seiner aktuellen beruflichen Situation. Er hat eine leitende Position inne und wird von seinem Vorgesetzten im Rahmen von Umstrukturierungsmaßnahmen gezwungen, sich von einem Mitarbeiter zu trennen, tut sich aber damit sehr schwer. Anstatt sich damit auseinanderzusetzen, spricht er seit Beginn der Sitzung über seine Wut gegenüber dem Vorgesetzten, der ihn in diese Situation gebracht hat, aus der er nun keinen Ausweg mehr findet.
>
> Patient: »Ich hasse diesen Vorgesetzten! Ich habe ihn noch nie gemocht! Ich kenne ihn seit meiner Beförderung und habe ihn nie lächeln

gesehen – ob er das überhaupt kann …? Nur weil er so kaltherzig ist, muss ich nun in den sauren Apfel beißen. Mir sind aber die Hände gebunden, ich kann nichts tun …«

Therapeut: »Fällt Ihnen auf, was Sie gerade mit Ihren Händen machen?«

Pat.: (Schaut auf seine Hände) »Nun, ich reibe an meinen Handgelenken …«

Th.: »Ich fühle mich an Filmszenen erinnert, wo der Hauptdarsteller von seinen Handschellen befreit wird und sich die schmerzenden Handgelenke reibt …«

Pat.: »›Handschellen‹ trifft es ganz gut …«

Th.: »Fühlt es sich so an, als ob Ihre Hände mit Handschellen gefesselt wären?«

Pat.: »Ja, genauso fühle ich mich …«

Th.: »Sind Sie einverstanden, dass wir uns das etwas genauer anschauen?«

Pat.: »Ja …«

Th.: »Wenn Sie einverstanden sind, würde ich mit einem Seil Ihre Handgelenke tatsächlich fesseln und Sie dann einladen zu erfahren, was das mit Ihnen macht …«

Pat.: »Versuchen wir es mal …«

Der Therapeut holt ein Seil und fesselt die Handgelenke des Patienten aneinander, darauf achtend, dass es fest, aber nicht schmerzhaft ist.

Th.: »Wie fühlt es sich an?«

Pat.: »Hmmm … Es fühlt sich komischerweise ›stimmig‹ an …«

Th.: »Sie sind irritiert …«

Pat.: »Ja! Ich war noch nie im Gefängnis, bin noch nie abgeführt worden, hatte noch nie Handschellen an, aber trotzdem fühlt es sich stimmig an …«

Th.: »Wo ist jetzt Ihre Wut?«

Pat.: »Weg …!«

Th.: »Welche Erlaubnis geben Ihnen die Handschellen, so dass Sie sich nicht mehr wütend fühlen müssen?«

Pat.: »Nun, ich glaube, …ich glaube, wenn es so ist (d. h. wenn die Hände gebunden sind; Anm. d. Verf.), dann ist es nicht meine Schuld …«

Th.: »Können Sie einen ganz Satz daraus formulieren?«

Pat.:	»Solange ich nichts tun kann, bin ich nicht schuld …!«
Th.:	»Können Sie diesen Satz wiederholen und etwas lauter sagen?«
Pat.:	(nun laut) »Solange ich nichts tun kann, bin ich nicht schuld …!«
Th.:	»Wie fühlen Sie sich nun?«
Pat.:	»Noch leichter …«
Th.:	»Wie erklären Sie sich das?«
Pat.:	»Eigentlich trickse ich mich selbst aus … So lange ich wütend auf meinen Chef bin, muss ich nichts tun …«
Th.:	»Was Sie sagen ergibt Sinn. Welchen Impuls haben Sie?«
Pat.:	»Ich möchte mich von den Fesseln befreien!«
Th.:	»Sie wollen aufhören zu tricksen?«
Pat.:	»Ja, wird Zeit, dass ich mich nicht mehr verstecke …«

Leere – Arbeiten mit dem Nichts

Mit dem Nichts arbeiten erscheint auf den ersten Blick unsinnig, gibt es doch in einer Psychotherapie immer ein »Etwas«, ein Thema, ein Gefühl, einen Gedanken etc., um das es geht, bzw. gehen soll. Tatsächlich ist es aber nicht selten in einer Therapie so, dass das Thema »Leere« als solche direkt oder indirekt aufkommt.

Leere aushalten ist – besonders in der heutigen, durch eine hohe Geschwindigkeit gekennzeichneten Zeit – für viele Menschen ein Thema. Patienten, die unter einem so genannten »Burnout« leiden, haben oft größte Schwierigkeiten damit, Leere (in ihren Augen: kein Ziel haben, auf das sie hinarbeiten können) auszuhalten. In solchen Fällen ist somit die Leere direkt ein Therapieziel.

In fortgeschrittenen Psychotherapien kann es aber auch vorkommen, dass der Patient in die Sitzung kommt, ohne ein bestimmtes Thema zu haben – er kommt sozusagen mit Nichts. Solche Sitzungen können sehr interessant werden, wenn genau dieses Nichts zum Thema gemacht wird. Der Therapeut kann bspw. dem Patienten helfen, mit all seinen Sinnen dieses Nichts zu spüren, zu empfinden, mitsamt den Gefühlen, Gedanken und Impulsen, die ihm immanent sind. Meistens bleibt es nicht bei diesem Nichts. Durch dessen Exploration wird aus dem Nichts oft ein sehr konkretes Etwas (Thema), das bearbeitet werden kann.

Phantasie- und Gewahrseinsübungen

Phantasie- und Gewahrseinsübungen ermöglichen es dem Patienten, einen fokussierten Kontakt zu bestimmten, oft sehr spezifischen innerpsychischen und/oder körperlichen Zuständen und Abläufen zu bekommen. Eine Patientin bspw., die zu spät zur Sitzung kommt und vom Therapeuten zwar freundlich begrüßt, aber gleichzeitig mit dem (ebenso freundlich vorgetragenen) Hinweis konfrontiert wird, dass er nur bis zur vollen Stunde Zeit hat, weil dann der nächste Patient kommt, reagiert ungehalten. Sie sieht zwar ein, dass sie zu spät ist, aber sie könne schließlich nichts dafür und die Stunde stehe ihr zu. Sie äußert dann den Satz: »Ich merke langsam, wie die Wut in mir hochsteigt …« Der Therapeut nimmt diesen Satz auf und macht ihn – mit ihrem Einverständnis – zum therapeutischen Thema. Daraus ergibt sich dann folgender Dialog, der als Beispiel für Phantasie- und Gewahrseinsübungen dienen soll:

> Therapeut: »Ich freue mich, dass Sie – trotz Ihres Ärgers – einverstanden sind, Ihren Ärger, Ihre Wut mit mir anzuschauen. Wenn Sie sagen, ›wie die Wut in mir hochsteigt‹, was genau empfinden Sie dann?«
> Patient: »Ich merke, wie ich immer wütender und wütender werde …!«
> Th.: »Wenn Sie das so formulieren, habe ich den Eindruck, als ob Ihre Wut einen bestimmten ›Weg‹ genommen hat. Darf ich fragen, welcher Weg das ist?«
> Pat.: »Was meinen Sie mit ›Weg‹?«
> Th.: »Nun ja, Sie berichten von einer Wut, die, je länger wir gesprochen haben, umso stärker wird. Wenn ich Sie richtig verstanden habe, dann hatten Sie auf dem Weg hierher, in die Therapiesitzung, keine Wut – oder?«
> Pat.: (Nickt.)
> Th.: »O.k., d. h., Ihre Wut muss sich irgendwann bei Ihnen bemerkbar gemacht haben, das ist der Anfang, dieses ›Weges‹, von dem ich eben gesprochen habe. Dann hat sie einen bestimmten Verlauf genommen und nun hat sie das Ausmaß, welches sie hat, und fühlt sich für Sie so an, wie sie sich anfühlt. Ist das für Sie jetzt besser verständlich?«

Pat.: »Ja ...«
Th.: »O.k. – sehr schön! Wann und wo begann Ihre Wut? Wo ist – mit anderen Worten – der Anfang dieses ›Weges‹?«
Pat.: (Denkt eine Weile nach) »Ja, es stimmt, als ich hergekommen bin, hatte ich keine Wut – ich war angespannt, aber nicht wütend. Ich glaube, sie begann in dem Moment, als Sie andeuteten, Sie könnten nicht überziehen, d. h., ich komme nicht zu dem, was ich möchte ...«
Th.: »Ich habe es richtig verstanden: ›ich komme nicht zu dem, was ich möchte‹ stellt den Anfang Ihrer Wut dar?«
Pat.: »Ja, so ist es ...«
Th.: »Wo in Ihrem Körper ist der Ort, der den Anfang darstellt?«
Pat.: »In meinem Bauch ...«
Th.: »Dort schlummert Ihre Wut und wenn dann eine ›Einladung‹ kommt, z. B. in Form von ›ich komme nicht zu dem, was ich möchte‹, dann beginnt sie stärker und stärker zu werden. Stimmt das so?«
Pat.: »Ja, hört sich etwas merkwürdig an, aber es stimmt.«
Th.: »Spüren Sie jetzt Ihren Bauch und die Wut?«
Pat.: »Ja, sind noch spürbar ...«
Th.: »Darf ich Sie bitten, Ihre Wut zu bitten, den selben Weg zu gehen, den sie vorhin genommen hat?«
Pat.: »O.k. ...«
Th.: »Sehr gut! Lassen Sie ihre Wut den Weg in Ihrem Körper nehmen und folgen Sie dem einfach ...«
Pat.: »Also, sie ist gerade in meinem Bauch und geht jetzt langsam nach oben ... Es fühlt sich so an, als würde sie das Herz suchen ...«
Th.: »O.k., machen Sie weiter ... Beschreiben Sie einfach alles, was Ihnen auffällt, während Sie dem Weg, den die Wut nimmt, folgen ...«
Pat.: »Mein Herz wird jetzt enger, merke ich. Es wird durch die Wut beengt, aber es kann sich nicht wehren. Ich fühle jetzt Traurigkeit, sie kommt noch dazu ...«
Th.: »Jetzt sind es schon zwei Gefühle: Wut und Traurigkeit ... Verändert sich etwas an der Intensität?«
Pat.: »Ja, jetzt fühlt sich die Wut noch stärker an als zu Beginn ...«

Th.:	»Als ob die Wut durch die Traurigkeit verstärkt wird?«
Pat.:	»Ja, merkwürdig, aber die Wut bekommt irgendwie Auftrieb …«
Th.:	»O.k. Wie geht es weiter?«
Pat.:	»Ich merke jetzt, dass die Wut noch weiter nach oben geht, Richtung Hals … Er fühlt sich jetzt größer, dicker an, auch heiß …«
Th.:	»Welchen Impuls haben Sie?«
Pat.:	»Ich würde am liebsten jetzt wütend schreien …«
Th.:	»Was würden Sie sagen wollen?«
Pat.:	»So etwas wie ›Aber es gibt mich doch auch!‹ …«
Th.:	»O.k. Möchten Sie diesen Satz sagen?«
Pat.:	»Aber es gibt mich doch auch!«
Th.:	»Wie fühlt es sich an?«
Pat.:	»Es fühlt sich so an, als ob ich Recht hätte …«
Th.:	»Was meinen Sie?«
Pat.:	»Es fühlt sich so an, als ob ich es mir gönnen, erlauben dürfte, diesen Satz zu sagen …«
Th.:	»Ich höre raus, es gab eine Zeit, zu der das nicht erlaubt war – stimmt das?«
Pat.:	»Ja, mein Thema, das ›Übersehenwerden‹ …«
Th.:	»Ja, Sie haben das sehr gut erkannt …! Wie geht es der Wut und der Traurigkeit jetzt? An welcher Stelle des Weges befinden sie sich?«
Pat.:	»Mein Eindruck ist, jetzt, wo ich diesen Satz gesagt habe, am Ende; der Weg ist zu Ende …«
Th.:	»O.k. Wie geht es Ihnen mit mir und meiner Äußerung?«
Pat.:	»Merkwürdig … Ich kann jetzt beides in mir wahrnehmen: sowohl meine Wut, dass Sie nicht überziehen wollten, aber auch dass Sie das ja nicht tun können, weil der nächste Patient draußen wartet …«
Th.:	»Das freut mich sehr – es ist auch mittlerweile Zeit für das Ende der Sitzung …«

Übungen und Hausaufgaben

Übungen und Hausaufgaben werden im Allgemeinen eher einem klassischen kognitiv-verhaltenstherapeutischen Therapiemodell zugeordnet. Die Gestalttherapie hat aber schon seit jeher mit diesem Element gearbeitet. Der Grundgedanke lautet, dass die konkrete Therapiesituation ein »Sonderraum« ist, ein Raum, in dem vieles an Experimenten und »Spielen« möglich ist, was im »richtigen« Alltag nicht einfach so (er-)lebbar ist. Letztendlich ist es aber der Alltag der Ort, an dem das »richtige« Leben stattfindet, und dort soll der Patient sich einbringen. Hausaufgaben dienen somit u. a. dem Zweck, das in der Therapiesituation Erlebte in die Alltagssituation zu transferieren und dort – sozusagen unter »Real-life-Bedingungen« – zu übertragen.

Die Begriffe »Übung« und »Hausaufgabe« sind vor einem gestalttherapeutischen Hintergrund unglücklich gewählt (s. a. Staemmler 1999). Zu sehr sind sie für den Patienten mit »Schule« assoziiert und für den Therapeuten zu sehr mit der klassischen Verhaltenstherapie, deren Ziel es tatsächlich war, alternatives (angemessenes) Verhalten in dem Sinne zu üben. Die Gestalttherapie versteht »Übung« und »Hausaufgabe« als Gelegenheiten, sich anders (im Idealfall) vielleicht sogar »neu« zu erleben. Weder geht es beim Üben um die Wiederholung, bis etwas gekonnt wird, noch bei den Hausaufgaben darum, diese (gezwungenermaßen) zu machen, damit sich der Patient vom Therapeuten ein Lob abholen kann. Als Techniken dienen beide dazu – etwas poetisch ausgedrückt – den Erlebenshorizont des Patienten zu erweitern. Sie werden innerhalb der Sitzung und zusammen mit dem Patienten entwickelt und sollen sein Interesse an seiner innerpsychischen Entwicklung wecken sowie seine »Lust«, experimentierend, probierend und übend mit seinem Alltag umzugehen.

Dabei kann es sich um Übungen und Hausaufgaben handeln, die durchaus *konfrontativen Charakter* (wie bei der Kognitiven Verhaltenstherapie) haben. Der Patient vermeidet bspw. eine bestimmte Erfahrung und »mogelt« sich durch ein Verhalten aus dieser raus. Er ist bspw. mit seinen Freunden unterwegs und vermeidet einen Konflikt, in dem er sich bzgl. der Frage, wo man essen gehen soll, zurückhält und sich der Meinung der anderen anschließt, jedoch ohne dies eigentlich zu wollen. Konfrontation in diesem Sinne wäre nicht allein, ein bestimmtes Verhalten zu zeigen, sondern sich einer bestimmten »Erfahrung« zu öffnen. Diese kann die eines »Störenfrieds« sein (wenn er auch seine Auffassung in die Runde wirft, macht er die Sache – logischerweise – komplizierter).

Übungen und Hausaufgaben können aber auch *explorierenden Charakter* haben. Bspw. kann es sein, dass ein Patient sich für einen bestimmten Menschen interessiert, sich aber gleichzeitig damit zurückhält, auf ihn zuzugehen und ihn kennenzulernen. Eine Übung oder Hausaufgabe könnte sich daraus ergeben, dass er in der Therapie beschließt, zu explorieren, welche innere Welt sich in ihm auftut, wenn den Kontakt zu dieser Person sucht. Auch wenn das ebenso konfrontativ ist, so ist doch das Ziel nicht, es »zu können«, sondern die Erfahrung und das Erleben des Zustands, der durch die Vermeidung eigentlich geschützt wird.

Gestalt-Traumarbeit

Die gestalttherapeutischen Techniken lassen sich sehr gut auch auf die Arbeit mit Träumen anwenden. Grundgedanke ist, dass der Träumer gleichzeitig auch der Regisseur seines Traums ist. In der therapeutischen Situation werden die verschiedenen Aspekte und Elemente innerhalb eines Traums »zum Leben erweckt«. Der Patient ist eingeladen, diese als Teile seiner innerpsychischen Welt kennenzulernen, auszulegen und wenn nötig zu integrieren.

> Ein Patient, der in der Vergangenheit wegen unerlaubten Drogenbesitzes eine Haftstrafe absolvieren musste, befindet sich in Therapie. Die Therapiebeziehung gestaltet sich schwierig, da es für ihn mehr als unüblich war, über seine Gefühlswelt zu sprechen und dies sogar mit einem für ihn fremden Menschen. Gleichzeitig war deutlich spürbar, wie sehr er leidet und wie sehr er sich wünscht, »ein normales Leben zu leben«.
> In der 15. Sitzung, die Therapiebeziehung hatte sich schon deutlich gebessert, berichtet er, ganz unüblich für ihn, von einem Traum, der ihn nicht mehr loslasse. Daraufhin ergibt sich folgende Interaktion:

Therapeut: »Möchten Sie mir den Traum erzählen?«
Patient: »Ja, kann ich schon machen …«
Th.: »Bitte, ich höre Ihnen aufmerksam zu!«
Pat.: »Also, ich träumte, dass ich an ein Kreuz genagelt war, wie Jesus, aber da waren keine Nägel, sondern überall an meinen Körper waren Spritzen und diese Spritzen hielten mich am Kreuz fest …«
Th.: »O.k. Gibt es noch mehr an Inhalt in diesem Traum?«
Pat.: »Nein. Das war's eigentlich schon …«

Th.: »Sind Sie einverstanden, dass wir uns den Traum genauer anschauen?«
Pat.: »Ja!«
Th.: »Gut. Als erstes möchte ich Sie bitten, mir den Traum noch einmal zu erzählen, aber nicht so, als ob er in der Vergangenheit spielt, sondern so, als ob sie ihn jetzt im Moment, also ›live‹, erleben würden. Ist das in Ordnung für Sie?«
Pat.: »Ja, das kann ich machen … Also, ich hänge am Kreuz, wie Jesus, nur anstatt mit Nägeln bin ich mit Spritzen am Kreuz festgenagelt …«
Th.: »Bemerken Sie eine Veränderung wenn Sie es so erzählen? Gibt es einen Unterschied zu vorher?«
Pat.: »Nun, ich bekomme ein mulmiges Gefühl …«
Th.: »O.k., mein Eindruck ist, was sie geträumt haben, erleben Sie nun direkter. Ist das so?«
Pat.: »Ja, das stimmt …«
Th.: »Welche Elemente in ihrem Traum sind wichtig? Woraus besteht der Traum eigentlich?«
Pat.: »Nun ja, aus mir, dem Kreuz und den Spritzen.«
Th.: »Verstehe. Ich möchte Ihnen nun einen Vorschlag machen und zwar möchte ich Sie bitten, dass sie nacheinander die verschiedenen Elemente Ihres Traums, die Sie eben aufgezählt haben, d. h. sie selbst, das Kreuz und die Spritzen, ›spielen‹. M. a. W. dass Sie so tun, als wären Sie sie selbst im Traum, das Kreuz im Traum und die Spritzen im Traum. Sind Sie damit einverstanden?«
Pat.: »Das klingt ungewöhnlich, aber ich kann das versuchen.«
Th.: »Wunderbar – das freut mich sehr! Womit möchten Sie anfangen?«
Pat.: »Ich würde gerne mit den Spritzen anfangen.«
Th.: »O.k.! Seien Sie die Spritzen. Beschreiben Sie bitte in der Ich-Form, wie es Ihnen geht, wie Sie sich fühlen, alles was Ihnen in den Sinn kommt. Wenn es für Sie in Ordnung ist, fangen Sie bitte mit dem Satz an ›Ich bin die Spritzen …‹ und machen Sie dann so weiter wie es für Sie passt.«
Pat.: »Ich bin die Spritzen … wir sind viele … wir sind spitz … wir können weh tun … uns wird man nicht so leicht los … wir

	bringen etwas von außen nach innen … wir können helfen … wir können aber auch mächtigen Ärger machen …«
Th.:	»Sie machen das sehr gut! Wie fühlen Sie sich, wenn Sie die Spritzen sind?«
Pat.:	»Ungewohnt … ich merke wie mächtig diese Dinger sind! Sie sind so klein und gleichzeitig haben sie so viel Kraft … Das Idiotische ist, dass man sich diese Spritzen selbst in den Körper reinjagt …«
Th.:	»Man?«
Pat.:	»Na, ich …!«
Th.:	»Mein Eindruck ist, dass Sie über sich und Ihren Drogenkonsum nun den Kopf schütteln …«
Pat.:	»Ja … natürlich weiß ich, wie schädlich das ist, aber wenn ich die Spritzen spiele, dann ist es nochmal krasser …«
Th.:	»Verstehen Sie mich nicht falsch, aber diese Erkenntnis, auch wenn sie für Sie schmerzhaft ist, freut mich sehr!«
Pat.:	»Ist schon richtig angekommen, Doc …«
Th.:	»Wollen sie weitermachen? Womit?«
Pat.:	»Ich nehme das Kreuz …«
Th.:	»O.k. Fangen Sie bitte mit ›Ich bin das Kreuz …‹ an …«
Pat.:	»Ich bin das Kreuz … ich bin aus Holz … ich bin fest … ich bin stabil … ich trage den Körper … die Stiche mache mir nichts aus …«
Th.:	»O.k.! Wie fühlt sich das an?«
Pat.:	»Anders als vorher … irgendwie bekomme ich Mitleid mit dem Kreuz …«
Th.:	»Haben Sie eine Ahnung oder eine Idee, wofür dieses Kreuz in ihrem Traum steht? welche ist die nächste Assoziation, die in Ihnen aufkommt, wenn Sie an das Kreuz denken?«
Pat.:	»Mein Leben …«
Th.:	»Ich verstehe Sie richtig: durch die Spritzen sind Sie an Ihrem Leben angenagelt?«
Pat.:	»Ja, so muss man das dann wohl sagen …«
Th.:	»Wie geht es Ihnen mit dieser Erkenntnis?«
Pat.:	»Schei …«
Th.:	»Was meinen Sie genau damit?«

Pat.: »Offenbar brauche ich die Spritzen, die Drogen, um leben zu können ...«

Th.: »Sie machen auf mich den Eindruck als wären Sie von sich enttäuscht; stimmt das so?«

Pat.: »So kann man es wohl sagen ...«

Th.: »Haben Sie schon mal über das Wort ›enttäuscht‹ nachgedacht?«

Pat.: »Nein, was meinen Sie?«

Th.: » Nun ja, im üblichen Sprachgebrauch hat es einen negativen Sinn, aber wenn man betrachtet, was es genau aussagt, dann ist es eigentlich ein positives Wort. Enttäuscht bedeutet im Grunde genommen nichts anderes, als ›ent-täuscht‹, d. h., von einer Täuschung befreit. Ist das für Sie nachvollziehbar?«

Pat.: »Ja ...«

Th.: »Von welcher Täuschung hat Sie dieser Traum befreit?«

Pat.: »Ich dachte bisher, ich hätte die Kontrolle über die Drogen ...«

Th.: »Und nun?«

Pat.: »Na ja, offenbar stimmt das nicht ...«

Th.: »Da es Ihnen nun klarer geworden ist: welche Konsequenz ergibt sich daraus?«

Pat.: »Ich muss etwas ändern ...«

Diese Sitzung erwies sich im therapeutischen Verlauf als ein so genannter »turning point«. Natürlich war es dem Patienten vorher klar, welche Macht die Drogen in seinem Leben hatten und welchen wichtigen Einfluss sie auf ihn ausübten. Durch die Bearbeitung des Traums jedoch konnte er zu einem tieferen Verständnis darüber gelangen. Ab diesem Moment erlebte er sich mehr in der Verantwortung für sein Handeln wie auch für sein Nicht-Handeln. Die therapeutische Beziehung vertiefte sich und er entwickelte eine deutlich ernsthaftere Haltung gegenüber sich und seinem Körper.

Oftmals verhält es sich mit Träumen so, dass der Träumende an einem bestimmten Punkt aufwacht, ohne dass der Traum zu Ende geträumt wird. Eine gestalttherapeutische Technik, die in diesem Fall angewandt werden kann, ist, eben den Traum weiter zu träumen, ihm ein nachvollziehbares Ende zu geben und auf diese Weise die Gestalt zu schließen.

6 Verwandtschaft mit anderen Verfahren

Wie im historischen Abriss bereits dargestellt, ist die Gestalttherapie einerseits Kind verschiedener therapeutischer Ansätze (Psychoanalyse, Psychodrama) und darf sich auf der anderen Seite als Mutter und Vorreiterin einiger heute sehr bekannter, z. T. als »neu« oder als »Weiterentwicklung« deklarierter psychotherapeutischer Ansätzen rühmen.

Neurolinguistisches Programmieren (NLP)

Das von Richard Bandler und John Grinder in den 1970er Jahren entwickelte NLP (Bandler und Grinder 2009; 2010) basiert ursprünglich auf dem Versuch, die Elemente zu identifizieren, die für erfolgreiche Therapien kennzeichnend sind. Leitend war die Annahme, dass dabei nicht primär die therapeutische Grundorientierung (die Therapieschule), sondern die Art der verbalen und nonverbalen Kommunikation ausschlaggebend ist. Eine spezielle Art der Kommunikation sollte zu spezifischen Veränderungen im Gehirn führen und sich dadurch auch auf die Symptomatik auswirken.

Neben der Gestalttherapie finden sich im NLP auch Einflüsse aus der Hypno- und Familientherapie. Als Verfahren wird es z. T. sehr kritisch diskutiert, ist zum aktuellen Zeitpunkt nicht wissenschaftlich anerkannt und soll daher hier nicht näher beschrieben werden.

Integrative Therapie

Die Integrative Therapie ist ein psychotherapeutisches Verfahren, welches in den 1960er Jahren hauptsächlich von Hilarion G. Petzold und Johanna

Sieper (s. bspw. Petzold 2003; s. a. Leitner 2011) begründet und seitdem kontinuierlich weiterentwickelt wurde. In ihr finden sich die folgenden zahlreichen therapeutische Ansätze, die nicht eklektisch »zusammengewürfelt«, sondern nach bestimmten Kriterien in den gemeinsamen Korpus eingearbeitet wurden (s. a. Leitner 2011):

- Psychoanalyse (insb. Sándor Ferenczi, Michael Balint, Vladimir Iljine)
- Psychodrama (Jacob Moreno)
- Gestalttherapie
- Verhaltenstherapie
- körpertherapeutische Methoden (insb. Wilhelm Reich, Alexander Lowen, Elsa Gindler)

Zudem lassen sich neuropsychologische und neuromotorische Ansätze darin finden (Alexander Lurija, Nikolai Bernstein) wie auch die philosophischen Grundlangen von Maurice Merleau-Ponty, Gabriel Marcel, Paul Ricœur, Michel Foucault und Hermann Schmitz.

Anders als sonst üblich, versteht sich die Integrative Therapie nicht als spezifische »Therapieschule«, sondern gehört dem sog. »neuen Integrationsparadigma« an – ein Begriff, der von Petzold selbst kreiert wurde. Ziel dieses integrativen Verständnisses in der Psychotherapie (s. bspw. Grawe 2000) ist es, nicht das trennende Element verschiedener Therapieschulen zu betonen, sondern die gemeinsamen Wirkfaktoren herauszuarbeiten, sich nach diesen in der konkreten psychotherapeutischen Arbeit zu orientieren und die therapeutischen Instrumente je nach Problemstellung flexibel zu wählen. Entsprechend wird von einer »Allgemeinen Psychotherapie« gesprochen (Grawe ebd.).

In Österreich ist die Integrative Therapie nach dort geltendem Gesetz als Psychotherapieverfahren anerkannt. Als eigenständiger Teil i. S. eines körperpsychotherapeutischen Verfahrens gilt die Integrative Bewegungstherapie (Weibel und Jacob-Krieger 2009).

Existentielle Psychotherapie (EP)

Irvin D. Yalom (Jahrgang 1931) kam als Kind polnisch-jüdischer Immigranten in Washington zur Welt, gehört heute zu den weltweit bekanntesten Psychotherapeuten und hat sich sowohl in der wissenschaftlichen Welt einen Namen gemacht (er war Professor für Psychiatrie in der Stanford University) wie auch als Autor von zahlreichen und sehr bekannten Romanen.

Wie im Abschnitt über Fritz Perls in Kapitel 2.2 bereits erwähnt, stand auch die Bezeichnung »Existenztherapie« (statt Gestalttherapie) als Name seiner Therapierichtung zur Diskussion, jedoch entschied er sich letztendlich dagegen. Yalom nahm diesen Faden wieder auf und taufte seine Therapieform, die deutlich gestalttherapeutisch beeinflusst ist, Existentielle Psychotherapie.

Unter dieser integrativen Bezeichnung vereint Yalom humanistische, psychoanalytische und philosophische Ansätze. Im Zentrum stehen nicht primär die therapeutischen Techniken, sondern vielmehr eine Grundhaltung, ein Menschenbild und vier existentielle Kernthemen: der Tod, die Freiheit, die Isolation und die Sinnlosigkeit. Jedes Individuum trägt diese Themen in sich und ist gleichsam gezwungen, sich damit auseinanderzusetzen. Diese Auseinandersetzung macht ihm jedoch Angst, so dass es ihr lieber aus dem Weg geht; eine Zuflucht findet es in neurotischen Abwehrmechanismen.

Yalom geht es somit in seinem Ansatz nicht allein um die Reduktion von symptomatischem Leid. Für ihn ist Psychotherapie Unterstützung bei der Auseinandersetzung mit diesen Themen, die letztendlich zu existentiellem Wachstum führen soll.

Emotionsfokussierte Therapie (EFT)

Strümpfel (2006) betont, die Gestalttherapie stehe »an der Basis der in den letzten 25 Jahren entwickelten neuen aktiv emotionsfokussierenden, prozess- und erfahrungsorientierten Therapieverfahren« (S. 10). Weiterhin betrachtet er die prozess-erfahrungsorientierte Therapie[26] als

---

26 In früheren Publikationen wurde die Emotionsfokussierte Therapie als Prozess-Erlebensorientierte Therapie bezeichnet (s. Herrmann und Auszra, 2009). Interessierte Leser sind an folgende weiterführende Links verwiesen: www.¬process-experiential.org bzw. www.emotionfocusedtherapy.org.

»eine Abbildung humanistischen, insbesondere auch gestalttherapeutischen Erfahrungswissens in einem wissenschaftlich fundierten Raum« (ebd., S. 11). Sowohl Leslie Greenberg, der Vater der EFT, als auch sein langjähriger Kollege und Mitautor zahlreicher Publikationen, Robert Elliott, bezeichnen sie hauptsächlich als eine Mischung aus Gesprächs- und Gestalttherapie (Elliott 1999a, b; s. a. Greenberg et al. 2003). Ursprünglich war Greenberg dem sehr konfrontativen Perls-nahen Westküstenstil zuzuordnen, kam jedoch dann in Kontakt mit der Gesprächspsychotherapie nach Carl Rogers (1902–1987). Die empathische, klientenzentrierte Haltung der Gesprächstherapie erfährt hier eine Integration mit den aktiven und herausfordernden Strategien und Techniken der Gestalttherapie (s. a. Greenberg und Paivio 1997; Greenberg 2002).

In diesem Ansatz erhalten die Emotionen einen besonderen Stellenwert im psychotherapeutischen Prozess. Anstatt den Fokus auf die Veränderung von dysfunktionalen Kognitionen oder nicht adaptiven Verhaltensweisen zu setzen, behandelt die EFT Emotionen mit Emotionen (s. a. Herrmann und Auszra 2009). Zu den Grundannahmen gehört, dass Emotionen ein evolutionäres und hoch adaptives System im menschlichen Organismus sind, was es ihm ermöglicht, sehr individuell und gleichzeitig flexibel auf die Erfordernisse aus der Umwelt einzugehen. Zudem spielen sie eine sehr wichtige Rolle bei der Entwicklung des Selbst sowie der Ausformung von Erleben und Verhalten. Daraus leitet die EFT ab, dass Emotionen wesentlich für die Veränderung von pathologischem Verhalten und Erleben sind (ebd.). Wird ein emotionales Schema aktiviert, folgt eine körperliche Empfindung (eine Art somatischer Marker; Damasio 2004 bzw. »bodily felt sense«; Gendlin 2012), welcher die momentane Organisation des Selbst darstellt. Von Moment zu Moment entsteht dadurch ein Narrativ, sozusagen die Geschichte, die wir uns selbst erzählen, woraus das wird, was wir »eigene Identität« nennen. Im Falle von Patienten existieren jedoch dysfunktionale emotionale Schemata, die zu einer dysfunktionalen Selbstorganisation führen. Genau hier versucht die EFT anzusetzen (s. a. Herrmann und Auszra 1996).

Schematherapie

Die Schematherapie (s. Young et al. 2008) wurde von Jeffrey E. Young, einem Schüler von Aaron T. Beck, entwickelt und gehört zur so genannten »Dritten Welle« der Kognitiven Verhaltenstherapie. Zu ihren Wurzeln gehören neben der Kognitiven Therapie u. a. die Gestalttherapie, aber auch psychodynamische Elemente, die Bindungstheorie und die Theorie der kindlichen Entwicklung nach Piaget.

Grundgedanke ist, dass der Mensch ab seiner Geburt Schemata (i. S. Piagets) entwickelt, in die er seine Erfahrungen organisiert und mit denen er sein Verhalten (bewusst oder unbewusst) steuert. Diese Schemata bestehen aus Kognitionen, Emotionen, Erinnerungen und den dazu gehörenden körperlichen Empfindungen. In Bezug auf die Persönlichkeit können sie ich-synton oder ich-dyston sein. Sie bedingen, wie sich der Mensch selbst und in Interaktion mit seiner Umwelt sieht, versteht und verhält.

Fehlangepasste (maladaptive) Schemata entstehen durch schädigende Kindheitserlebnisse, die mit wiederholten Verletzungen der psychischen und körperlichen Grundbedürfnisse einhergingen. Ohne Teil von diesen zu sein, entwickeln sich die späteren Symptome und Beschwerden als Reaktion auf diese Schemata. Da der Mensch stets nach innerer Konsistenz strebt, hält er auch weiterhin an ihnen fest, obwohl sie sich im späteren Leben wiederholt als dysfunktional oder sogar schädlich erweisen.

Young et al. (2008) entwerfen 18 maladaptive Schemata (u. a. Verlassenheit/Stabilität, Misstrauen/Missbrauch, Abhängigkeit/Inkompetenz), die den fünf sog. Schemadomänen »Abgetrenntheit und Ablehnung«, »Beeinträchtigung von Autonomie und Leistung«, »Beeinträchtigungen im Umgang mit Begrenzungen«, »Fremdbezogenheit und übertriebene Wachsamkeit« sowie »Gehemmtheit« zugeordnet werden.

Die Gestalttherapie begegnet dabei der Schematherapie auf den Gebieten »der Kognition, Informationsverarbeitung, der Verinnerlichung und Repräsentation sowie der Organisation von Erfahrung« (Votsmeier-Röhr 2014, S. 265). Schemata sind im gestalttherapeutischen Sinne das »Spielfeld« (ebd., S. 268), in dem Kontakt und Kontaktprozesse möglich sind. Gleichzeitig können wiederholt gemachte Erfahrungen, die nicht vom Menschen integriert (assimiliert) werden und somit zur einer geschlossenen Gestalt führen können, in Form eines dysfunktionalen Schemas abgebildet werden. Die nicht abgeschlossene Gestalt begünstigt die Anwendung von Kontaktunterbrechungsmechanismen, auf die zurückgegriffen werden muss, wenn das Schema wieder aktiv ist. Dieses wird wiederum eine dysfunktionale, der Situation nicht angemessene Reaktion hervorrufen, was zur Folge hat, dass die Gestalt ein weiteres Mal nicht abgeschlossen werden kann.

Neben diesen Überlappungen und Gemeinsamkeiten existieren aber auch noch Unterschiede zwischen Gestalt- und Schematherapie. Erstere ist mehr prozessorientiert und betont die Phänomenologie (das »Wie« der Erfahrung) und verbindet dieses im Anschluss erst mit dem Was. Letztere betont hingegen mehr das »Was«, den Inhalt, wendet Kategorien (Schemamodi) an und läuft dabei Gefahr, den Patienten mit seinem Erleben und seinem Prozess zu einem »Ding« zu machen (s. a. Votsmeier-Röhr 2014).

7 Settings und die therapeutische Beziehung

Die Gestalttherapie ist ihrem Ursprung nach eine Einzeltherapie, hat sich aber seit ihrem Entstehen in allen gängigen Settings etablieren können und findet sich somit heute in zahlreichen Formen, angefangen bei der Gruppentherapie, der Paartherapie/Paarsynthese über Paar-/Familien-Gestalttherapie und Familienstellen bis zur Organisationsberatung (s. a. Hartmann-Kottek 2012; ▶ Abb. 7.1).

Dass die *Einzeltherapie* die Regelform der Gestalttherapie war und ist, hat sicherlich mit den Umständen zum Zeitpunkt ihrer Entstehung zu tun. Perls kannte keine andere Konstellation, um mit seinen Patienten zu arbeiten. Er ging sogar so weit, im *Gruppensetting* Einzelarbeiten zu

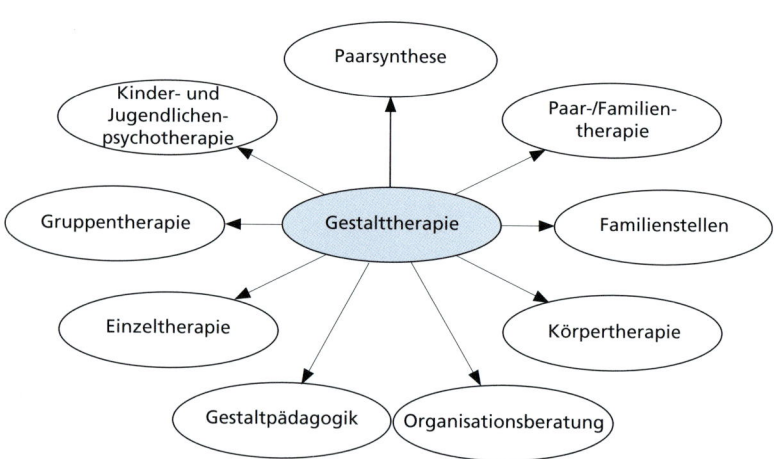

Abb. 7.1: Settings, in denen Gestalttherapie zur Anwendung kommt

verrichten, wenn er mit einzelnen Anwesenden, die im »hot seat« saßen, interagierte. Diese Konstellation ließ wenig Platz für die Entstehung von Gruppenprozessen und -dynamiken bzw. Perls' Ziel war es nicht, diese mit in das Gruppengeschehen zu integrieren. Außer Rückmeldungen bzgl. der Einzelarbeiten zwischen Perls und einem Anwesenden gab es wenig Einbezug der Gruppe. In der modernen Gruppen-Gestalttherapie hingegen gibt es mehrere Möglichkeiten der Gestaltung der therapeutischen Interaktion. Neben der Möglichkeit, mit einer Person in der Gruppe eine Einzelarbeit zu machen, kann der Gestalttherapeut die Gruppenmitglieder mit einbeziehen und/oder die gesamte Gruppe als solche in den Fokus der Arbeit setzen (s. a. Bernstädt und Hahn 2010).

Die therapeutische Arbeit mit *Kindern und Jugendlichen* (s. a. Baulig und Baulig 2002; Oaklander 2013; Anger und Schön 2012) ist ein weiteres Feld, in dem sich die Gestalttherapie bewegt; ursprünglich war sie allerdings allein für das Erwachsenen-Setting konzipiert. Ihre bisher schon oft betonte wertschätzend-akzeptierende Grundhaltung, ihre Affinität zum Einsatz von kreativen und spielerischen Medien und ihr steter Bezug zum Feld (Bezugssystem) lassen sich sehr gut in der Arbeit mit Kindern und Jugendlichen sowie deren Angehörigen implementieren.

Bei der *Paarsynthese* handelt es sich um eine Art von Paartherapie, die ihre Wurzeln u. a. in der Gestalttherapie hat, aber über diese hinaus weitere Einflüsse erfahren hat (Cöllen 1997; s. a. Cöllen 2008). Der Begriff der Synthese bezieht sich dabei auf das interaktionelle Zusammenwirken des männlichen und weiblichen Aspekts der Paarbeziehung. Der Therapieprozess an sich beginnt dabei bei der Paargestalt, geht über die Phasen der Partnerwerdung, Paardynamik, Paarkonfliktanalyse und endet mit der Paargestaltung. Neben einer Streitkultur werden Kreativität und eine erotische Kultur innerhalb des Paares aufgebaut.

Die *Paar- und Familien-Gestalttherapie* arbeitet ebenso wie die klassische Variante vor einem humanistischen Hintergrund. Aspekte des innerpsychischen Wachstums und der Systembedingtheit sind ihr immanent. Neben Einflüssen von Virginia Satir (1916–1988), die Seminare von Perls besuchte und eine Zeitlang auch mit ihm zusammenarbeitete, und Gregory Bateson (1904–1980) wird das prozessuale Geschehen betont (s. a. Beaumont 1999; Chu 2008; Satir et al. 2000; Wheeler und Backmann 1999; Zinker 1997) sowie der Aspekt der Ganzheit, die ein Paar oder die Familie darstellt.

Entsprechend behandelt die Gestalttherapie das Paar bzw. die Familie als ganzheitlichen Organismus, der aus Teilen (Subsystemen) besteht, die wiederum selbst (Sub-)Teile beinhalten; d. h., innerhalb eines Paares/einer Familie können bspw. die Frau mit dem Mann, die Mutter mit dem Kind, der Sohn mit der Mutter als Teile untereinander in Interaktion treten, aber auch der kindliche Anteil des Mannes mit dem mütterlichen Teil der Frau (als Sub-Teile). Die Elemente der jeweiligen Binnenstruktur, die am Kontaktprozess teilnehmen, werden diesem auch eine spezifische Qualität verleihen.

Dieser ganzheitliche Organismus ist wiederum in ein Feld eingebettet, welches er beeinflusst, unter dessen Einfluss er gleichzeitig steht. Der Paar-/Familien-Organismus verfügt zudem über eine Geschichte und eine eigene Identität. Dadurch tradiert sich in ihm die Wirkung vergangener Paar-/Familienbeziehungen der vorhergehenden Generationen und er selbst beeinflusst auf diesem Wege die folgenden Generationen nach ihm (sog. transgenerationale Weitergabe).

Paar- und Familienkonstellationen eignen sich sehr gut, um eigene innerpsychische Impulse, Befürchtungen, Ängste und Konflikte auf andere zu projizieren, um selbst nicht damit in Kontakt treten zu müssen. Die bereits beschriebenen theoretischen Konzepte der Gestalttherapie finden hier ihre Anwendung. Partner oder Familienmitglieder können bspw. dazu dienen, den eigenen Gestaltzyklus des Erlebens zu manipulieren und die Verantwortung dafür einem anderen zu übertragen (s. a. Zinker 1997). Eine Ich-Du- oder Ich-Es-Haltung (s. Buber 1984) zwischen den einzelnen Paar- oder Familienmitgliedern beeinflusst zudem entscheidend die Atmosphäre und die Kontaktqualität innerhalb des jeweiligen Systems (s. a. Beaumont 1999). Mit Hilfe des *gestalttherapeutischen Familienstellens* (Chu 2008) können diese Dynamiken auch räumlich verortet und dargestellt werden, worin auch der expressive (Psychodrama-)Aspekt der Gestalttherapie seinen Ausdruck findet. Anders als in anderen Formen des Familienstellens wird auf eine direktive Art explizit verzichtet. Der Therapeut arbeitet primär mit der Dynamik, dem Ausdruck, der Unterstützung desselben und der Hilfe, neue Möglichkeiten des Erlebens und Verhaltens innerhalb des Systems zu finden.

Der *körpertherapeutische* Aspekt spielt in der Gestalttherapie seit ihren Anfängen eine zentrale Rolle (s. a. Carroll 2006; Kepner 2005). Für Fritz war Körperlichkeit ein natürlicher Bestandteil der therapeutischen Arbeit im Speziellen und von Lebendigkeit im Allgemeinen. Somit verwundert es nicht, dass einige Autoren die Gestalttherapie als »körperorientierten Ansatz« (Smith 1997) bezeichnen. Sie versteht den Körper als psychophysiologische Einheit, die den Ort darstellt, an dem sich Erfahrung materiell niederschlägt; er steht – mehr als in der klassischen Psychoanalyse und der KVT – gleichwertig neben Denken und Fühlen. Erst durch ihn wird Empfindung möglich, denn er bietet das Sensorium dafür an.

Die *gestaltorientierte Organisationsberatung* (bspw. Burow und Hinz 2005; Nevis 1988) ändert die Polung des Einzelsettings, in dem das Individuum im Mittelpunkt steht und von einem System beeinflusst wird, ins Gegenteil: Welche Einflüsse gehen vom sozialen System auf das Individuum aus und wie wird dieses beeinflusst?

Auch hier ist Kurt Lewin als einer der wichtigsten geistigen Väter zu nennen. Seine Feldtheorie bot den notwendigen Hintergrund, um die eben beschriebenen gegenseitigen Wirkungsbeziehungen zwischen Organisation und Individuum zu beschreiben. Ähnlich wie das Konzept der organismischen Selbstregulation in der Humanistischen und Gestalttherapie, postulierte Lewin regulatorische Steuerungsprozesse in Gruppen von Menschen. Ihren praktischen Niederschlag fand dies in den 40er Jahren des letzten Jahrhunderts im sog. »sensitivity training« am National Training Laboratory (USA). Ziel war es, die Sensitivität eines jeden Teilnehmers für seine, für die Prozesse der anderen, aber auch für die der Gruppe zu erhöhen.

In der heutigen modernen Organisationsberatung steht das Spannungsfeld zwischen Individuum und Organisation im Mittelpunkt des Interesses. Die zur Anwendung kommenden Prinzipien sind die gleichen wie bei der Paar- und Familientherapie. Auch hier herrscht der Grundgedanke, die Organisation als lebendigen Organismus zu betrachten. Ob die Organisationsberatung eine eigenständige Theorie hervorgebracht hat, wird aktuell noch kritisch diskutiert (s. a. Looss 2006, 2008).

Die *Gestaltpädagogik* entwickelte sich mit wachsender Bekanntheit der Gestalttherapie in den 70er Jahren des letzten Jahrhunderts aus dieser heraus. Soweit bekannt, verwendeten Petzold und Brown (1977) in ihrem gleichnamigen Buch erstmalig diese Bezeichnung. Ihre ersten Vertreter waren Pädagogen, die mit der Gestalttherapie in Kontakt gekommen waren und sich die Frage stellten, wie deren Konzepte (Awareness, Kontakt und -unterbrechungen, Erfahrungszyklus etc.) sinnvoll und förderlich in die Pädagogik eingearbeitet werden könnten. Zeitweilig wurde die Bezeichnung »confluent education« verwendet, um den integrierenden Charakter des Gestalt-Ansatzes und die Grundhaltung des Verschmelzens von Denken, Gefühl und Handlung auszudrücken. Die Gestaltpädagogik betrachtet die Lehr-/Lernsituation nicht allein in ihrer Dualität zwischen »Lehrer« und »Schüler«, sondern erweitert den Blickwinkel auf den lebendigen Austausch zwischen den Menschen (Lehrende und Lernende), dem Lerngegenstand und der Lernumgebung. Anstatt »Stoff zu pauken«, geht es darum, den Lerninhalt als Vehikel zu benutzen, um die persönlichen Bedeutungen, emotionalen Besetzungen und die Dynamik in der gesamten Lerngruppe gewinnbringend zu integrieren (s. a. Burow 1993; Bürmann et al. 2015).

8 Wissenschaftliche Evidenz

8.1 Eine »besondere« Schwierigkeit für die Gestalttherapie

Nicht anders als zur klassischen klinisch-psychologischen Diagnostik (▶ Kap. 4) ist das Verhältnis der Gestalttherapie zur Wissenschaft bzw. zur empirischen Forschung. Auch wenn empirische Wirksamkeitsnachweise zu Zeiten von Fritz Perls bei Weitem nicht die Bedeutung hatten wie heute, so stand er ihnen doch schon damals äußerst kritisch gegenüber (s. a. Rosner und Henkel 2010). Dieses schwierige Verhältnis tradierte sich bis fast in die Gegenwart; erst in den letzten Jahren bahnt sich eine langsame Veränderung an, wobei die Frage offen bleibt, ob es nicht schon zu spät ist, die Gestalttherapie und die empirische Forschung miteinander zu versöhnen.

Warum ist das so? Die Gestalttherapie entstammt einem anderen »Universum«, unterliegt anderen Gesetzen und vertritt eine andere Haltung als die empirischen Wissenschaften. Sie messbar machen zu wollen, würde bedeuten, sie ihrem »Universum« zu entnehmen und in eines zu übertragen, in dem andere Gesetze herrschen – ähnlich wie einen Fluss stoppen zu wollen, um seine Fließgeschwindigkeit zu messen; das Messergebnis kann nicht stimmen, weil die Messung das zu Messende derart verändert, dass es keinen Sinn mehr ergibt, überhaupt messen zu wollen. Das Hauptargument von Fritz war, dass Gestalttherapie und empirische Forschung in einem grundsätzlichen Widerspruch zueinander stehen.

Zudem ist die empirische Forschung stets reduktionistisch: Da es unmöglich ist, alle wirkenden Variablen eines Forschungsgegenstands gleichzeitig zu untersuchen (ganz davon abgesehen, dass es immer welche geben wird, die der Wissenschaftler gar nicht als wirkende Variablen erkennen kann, da sie »latent« sind), muss eine Auswahl getroffen werden, die wiederum unvermeidbar stets eine künstliche ist. Somit kann nie die Gestalttherapie als Ganzes empirisch untersucht werden, sondern nur ihre Techniken, aber die Gestalttherapie wehrt sich vehement dagegen, allein auf ihre Techniken reduziert zu werden.

Abschließend steht die Gestalttherapie, wie andere psychotherapeutische Verfahren, die nicht primär auf Symptomreduktion ausgerichtet sind, vor der Schwierigkeit, dass sie trotzdem ihre Wirksamkeit als psychotherapeutische Methode auf Basis einer Reduktion von symptomatischem Leid (Intensität und/oder Häufigkeit von klinisch relevanten Beschwerden) beweisen muss (s. a. Kiene et al. 2004; Hartmann-Kottek 2014). Von einigen gestalttherapeutischen Autoren wird diesbezüglich die grundsätzliche Kritik geäußert, dass nicht eine psychotherapeutische Methode an sich wirksam sein kann, sondern die konkrete Interaktion zwischen einem Therapeuten und einem Patienten (s. a. Grillmeier-Rehder et al. 2009), wobei natürlich diese Interaktion von einer psychotherapeutischen Methode beeinflusst wird.[27] Weiterhin wird kritisch angemerkt, dass diese Art der Wirksamkeitsprüfung die Verhaltenstherapie bevorzugt, denn diese legt ihren Schwerpunkt auf »die Anwendung von Programmen« und nicht, wie die Gestalttherapie, auf »die passungsgerechte Entfaltung von Prinzipien« (Kriz 2014c, S. 356).

Die bis eben beschriebenen Schwierigkeiten gelten nicht nur für die Gestalttherapie allein, sondern für alle Therapieformen, die in der humanistischen Psychologie wurzeln.

Die Gestalttherapie sieht sich aber auch mit einen weiteren Problem konfrontiert, das für sie exklusiven Charakter hat. Nach Naranjo (1996) war Perls der Auffassung, dass die Psychotherapeuten anderer Therapierichtungen meistens aufhören, »bevor man an den Punkt kommt, den man in Russland den ›Todespunkt‹ nennt ...« (S. 241). Dieser Punkt

---

27 Die Autoren schlagen entsprechend vor, von »Wirksamkeit von Psychotherapien unter Anwendung der Methode XY« zu sprechen (Grillmeier-Rehder et al. 2009, S. 31).

wurde weder von Perls selbst, noch von der Literatur näher erläutert, meint aber einen »Begriff aus der sowjetrussischen Psychologie, der besagt, dass es eine Struktur gibt, die keine Psychotherapie verändern kann, und dass alle unsere Versuche einer psychischen Heilung nur bis zu einem bestimmten Punkt gelangen« (ebd.). Natürlich war Perls selbst der Auffassung, dass dies nicht für seine Gestalttherapie gelte; sie könne den Patienten auch über diesen Punkt hinaus bringen. Damit setzt die Gestalttherapie andere Therapieziele als die klassische Psychotherapie, die primär eine Symptomreduktion im Auge hat.

Dieser »Todespunkt« bezieht sich auf ein Verständnis des menschlichen Aufbaus, nach dem dieser aus einem »Ego« und einem »Wesen« besteht (s. dazu auch Maragkos 2013). Das Ego ist Ergebnis und Summe aller Denk-, emotionalen und Handlungskonditionierungen, die in der Kindheit erlernt und übernommen wurden (nicht selten unter für den jungen Menschen »traumatischen« Bedingungen). Das Wesen hingegen ist das »wahre Selbst« eines Menschen, seine Essenz, sein wahrer Kern, der eigentlich unter dem Diktat des Egos leidet. Klassische Psychotherapie hat zum Ziel, die Dysfunktionalität des Egos wieder rückgängig zu machen. Naranjo (1996) selbst ging davon aus, »dass die symptomatischen Neurosen lediglich sekundäre Komplikationen der impliziten Charakterneurose sind« (S. 242), während es (in der Psychotherapie allgemein und besonders in der Gestalttherapie) eher darum gehen sollte, den Menschen mit seiner organismischen Selbstregulation und seiner ihm immanenten Lebendigkeit wieder in Kontakt zu bringen, d. h. mit seinem Wesen.

Für diese spezielle Problemkonstellation gibt es aktuell keine Lösung. Die sich im deutschen Gesundheitssystem durchgesetzte Haltung des wissenschaftlich erbrachten (empirischen) Beweises einer Wirksamkeit ist ein Diktat, dem sich die Gestalttherapie – will sie sich nicht noch weiter vom Mainstream der Psychotherapie entfernen – nicht entziehen kann. Berücksichtigt man allerdings die anderen Therapieziele der Gestalttherapie, so lassen sich diese mit den klassischen Wirksamkeitsnachweisen nicht messen. Kriz (2014b), der sich sehr stark wissenschaftlich und politisch für die Anerkennung der Humanistischen Psychotherapie einsetzt (s. a. Kriz 2014c), diskutiert in seinen Publikationen wiederholt sehr kritisch das gesundheitspolitische System und Prozedere der wissenschaftlichen Anerkennung. Danach liegt der Status der Gestalttherapie in Deutschland weit unter dem in anderen Ländern bzw. entspricht nicht der aktuellen wissenschaftlichen Diskussion (s. a. Hartmann-Kottek 2011). Entsprechend betont Kriz (2014b) die internationale Konvergenz bzgl. unterschiedlicher psychotherapeutischer Konzepte, während in Deutschland noch ein primär sektiererisches Denken herrscht. Eine kritische Auseinandersetzung mit dem Begutachtungsprozess und den wohl dahinter liegenden (politischen) Motiven finden sich unter http://www.aghpt.de/index.php/texte/57-gba-skandal (Zugriff am 06.03.2016) bzw. bei Strauß et al. (2010).

Gleichwohl haben im Jahre 2010 elf Fachgesellschaften, in denen Verfahren aus der Humanistischen Psychotherapie beheimatet sind, die Arbeitsgemeinschaft Humanistische Psychotherapie (AGHPT)[28] gebildet. Folgende humanistische Therapieansätze sind darin vertreten: Gesprächspsychotherapie, Gestalttherapie, Emotionsfokussierte Therapie (Process Experiential Therapy), Existentielle Therapie, Focusing, Integrative Therapie nach Petzold, Logotherapie und Existenzanalyse, Psychodrama nach Moreno, Transaktionsanalyse nach Berne sowie Körperpsychotherapie.

Die AGHPT hat 2012 an den Wissenschaftlichen Beirat Psychotherapie (WBP) einen Antrag auf wissenschaftliche Anerkennung des Verfahrens »Humanistische Psychotherapie« gestellt. Zwei Jahre zuvor hat eine Interessenvertretung der Gestalttherapie (DDGAP/DVG) unter Federführung von Dr. Uwe Strümpfel und Dr. Lotte Hartmann-Kottek einen entsprechenden Antrag an den WBP gestellt (http://www.ddgap.de/html/antrag_an_den_wbp.html; Zugriff am 06.03.2016). Dessen Prüfung ist jedoch nach einem Jahr ausgesetzt worden, aus Solidarität mit den anderen humanistischen Verfahren der AGHPT. Letztendlich wurde der Gestalttherapie-Antrag in den Antrag der Humanistischen Psychotherapie (federführend: Prof. Dr. Jürgen Kriz) an den WBP integriert (s. a. Hartmann-Kottek 2014).

---

28 S. a. http://www.therapievielfalt-fuer-deutschland.de (Zugriff am 06.03.2016).

Eine abschließende Beurteilung seitens des Wissenschaftlichen Beirats stand zum Zeitpunkt der Fertigstellung dieses Buches noch aus. Die gesamte Chronologie des Anerkennungsverfahrens sowie der entsprechenden Dokumente kann den genannten Webseiten entnommen werden.

8.2 Wissenschaftliche Evidenz – Stand der Dinge

Versuche, die vorliegenden wissenschaftlich-empirischen Befunde zur Wirksamkeit der Gestalttherapie zusammenzutragen, sind im deutschsprachigen Raum hauptsächlich auf Uwe Strümpfel[29] zurückzuführen (s. a. Strümpfel 1991, 1992, 2003, 2004a, b, 2005, 2006; s. a. Elliott et al. 2013; Bergmann 2014). Der aktuelle Forschungsstand zur Wirksamkeit der Gestalttherapie war bei Erscheinen dieses Buchs sehr ansehnlich und umfasste 432 veröffentlichte und unveröffentlichte empirische Arbeiten jeglicher Art (Analog-, Prozess-, Wirksamkeitsstudien und Fallberichte).

Bei genauerer Betrachtung erweisen sich diese Studien bzgl. der eingesetzten Interventionen z. T. jedoch als uneinheitlich aus. Auch wenn es sich um Interventionen »im Geiste« der Gestalttherapie handelt, so sind es oft Modifizierungen, die sowohl untereinander als auch mit den ursprünglichen Therapietechniken der ersten und zweiten Generation von Gestalttherapeuten nur eingeschränkt vergleichbar sind (s. a. Rosner und Henkel 2010). Dieser Kritikpunkt verliert auch dann nicht seine Berechtigung, wenn man berücksichtigt, dass sich die Gestalttherapie seit ihrer Entstehung weiterentwickelt hat. Da es keinen allgemein akzeptierten und offiziellen Kanon an gestalttherapeutischen Interventionen gibt und zudem diese sehr stark vom jeweiligen Therapeuten in der Anwendung angepasst werden (und auch sollen), ist es schwer zu sagen, ob eine

---

29 Auch dieser Umstand ist bezeichnend, nämlich dass der Forschungsbereich einer Therapieschule mehr oder minder auf den Schultern einer Person lastet.

bestimmte Technik nun eine »typische« oder »klassische« gestalttherapeutische Intervention ist.

In zahlreichen Studien wurde zudem nicht »reine« Gestalttherapie angewandt. Ein typisches Beispiel ist der prozess-/erfahrungsorientierte Ansatz der Arbeitsgruppe um Leslie Greenberg (bspw. Greenberg et al. 1994; s. a. Gegenfurtner und Fresser-Kuby 2006), der aus einer Kombination von Elementen aus der Klientenzentrierten Psychotherapie à la Carl Rogers und solchen aus der Gestalttherapie besteht. Ohne den wissenschaftlichen Beitrag dieser Arbeitsgruppe im geringsten schmälern zu wollen (über 20 Studien in 30 Jahren; s. a. Strümpfel 2005), erweist sich die eineindeutige Zuordnung der ermittelten Ergebnisse (Gestalttherapie oder Klientenzentrierte Psychotherapie?) nicht immer als leicht.

Zudem erfüllen die meisten der bereits erwähnten 432 Studien nicht die aktuell geltenden Standards wissenschaftlicher Forschung und können folglich bei Metaanalysen nicht berücksichtigt werden.

Im Antrag an den Wissenschaftlichen Beirat zur Anerkennung der Gestalttherapie als wissenschaftlich anerkanntes Verfahren (▶ Kap. 8.2) wurden Studien bis zum Jahr 2009 berücksichtigt. Von den insgesamt 79 Studien waren 55 kontrollierte Studien und davon wiederum 23 RCTs (Randomized Controlled Trials). Hauptsächlich wurden die drei Diagnosegruppen Affektive Störungen, Persönlichkeits- und Verhaltensstörungen, Anpassungs- und Belastungsstörungen aufgeführt. Zudem zeigt sich die Gestalttherapie als wirksame Therapiemethode bei Angst- und Zwangsstörungen, Somatoformen Störungen, Hyperkinetischen Störungen, Schizophrenie, sexuellen Funktionsstörungen, Essstörungen und Abhängigkeiten (s. a. Hartmann-Kottek 2014; Strümpfel 2005, 2006).

Eine Literaturübersicht über Interventionen bei Posttraumatischen Belastungsstörungen (Rosner und Henkel 2010) weist die Gestalttherapie als vielversprechendes Verfahren aus. Für diesen Störungskomplex existiert auch eine Metaanalyse (Elliott et al. 2013), in der 6 Studien Eingang fanden. Mit einer mittleren Prä-Post-Effektstärke von 1.15 über alle Studien hinweg erweisen sich gestalttherapeutische Interventionen darin als sehr wirksam. Dies ist auch beim Vergleich mit Wartelisten-Kontrollgruppen (0.99) und mit aktiver Kontrollbedingung (0.69) der Fall, wenn auch die Effektstärken nach unten korrigiert werden müssen.

Die Gesamtgruppe der amerikanischen humanistischen Verfahren hat eine Effektstärke von 0.93 und liegt somit gleichauf mit den kognitiv-verhaltenstherapeutischen Verfahren. Die Gestalttherapie (und die von ihr abgeleitete Emotionsfokussierte Therapie) zeigt z. T. sogar deutlich bessere Effektstärken als die KVT, nämlich um 0.53 höher (Lambert 2013; s. a. Elliott et al. 2013; Hartmann-Kottek 2014).

Diese Analysen demonstrieren das breite Einsatz- und Wirkspektrum der Gestalttherapie. Sowohl im direkten Vergleich mit den am weitesten verbreiteten kognitiv-behavioralen Verfahren als auch in Metaanalysen zeigt sich, dass gestalttherapeutische Interventionen nicht den Wirksamkeitsvergleich scheuen müssen. Sie sind – mit den erwähnten Einschränkungen – effektive Alternativen und Ergänzungen.

Eine ausführliche Darstellung findet sich in Strümpfel (2006; s. a. Hartmann-Kottek 2014).

9 Schlusswort

Das Ende dieses Buches ist erreicht; eine Gestalt findet ihren vorläufigen Abschluss. Der aufmerksame Leser wird vielleicht die Stimmung des Autors zwischen den Zeilen empfunden haben können. Sie ist eine Mischung aus Begeisterung und Hoffnung in Bezug auf die Möglichkeiten, die der Gestalttherapie innewohnen, auf der einen Seite und Enttäuschung sowie Wut ob ihrer aktuellen Stellung im Gesundheitssystem auf der anderen.

Auch wenn Perls ein Mensch mit einer schwierigen Persönlichkeit war, so ist das, was er der Psychotherapie hinterlassen hat, von unschätzbarem Wert: Er brachte »das Problem« des Patienten in die therapeutische Beziehungsgestaltung ein und fokussierte auf das emotionale Erleben in ihrem Hier und Jetzt – konkreter geht es nicht.

Die daraus entstehende Intensität ist Fluch und Segen zugleich. Das Problem des Patienten wird in die Beziehung gebracht und dort konkret reaktualisiert. Somit ist eine schnellere konkrete Bearbeitung möglich. Soweit zum Segen. Der Fluch besteht darin, dass eben durch diese Art des Vorgehens der Patient überfordert werden kann. Kann er dieser massiven Konfrontation etwas entgegensetzen? Ist er genug vorbereitet, um das Schöpferische der Konfrontation für sich nutzbar machen zu können? Sind diese Fragen zu verneinen, gibt es keine sinnvolle, dem Wachstum dienende Erkenntnis für ihn durch die gestalttherapeutische Sitzung. Er wird nur ein weiteres Mal mit seiner Unfähigkeit konfrontiert, nur diesmal ist der Urheber der Therapeut selbst, d.h. derjenige, der ihm eigentlich helfen soll.

Was ist aus diesem Potential, das in der Gestalttherapie steckt, heute geworden? Um es auf einen überspitzten, dadurch einfachen, aber deswegen nicht unbedingt unrichtigen Nenner zu bringen: Viele andere

Psychotherapierichtungen haben deren Techniken assimiliert. So kommt es, dass heute in Richtlinienverfahren, wie der Kognitiven Verhaltenstherapie, gestalttherapeutische »Rollenspiele« einen festen Platz haben und als »klassisches kognitiv-verhaltenstherapeutisches« Element aufgeführt werden, das dazu dient, »neues und alternatives Verhalten zu implementieren«. CBASP (McCullough 2012) und Schematherapie (Young et al. 2008) führen gestalttherapeutische Techniken ebenso auf, wie imaginative Zugänge zur Psychotherapie (bspw. IRRT nach Schmucker und Köster 2015).

Ist das nicht mehr als schade? Gebührt der Gestalttherapie nicht auch ein Platz unter den Richtlinienverfahren, die in den Genuss der Anerkennung seitens des Gemeinsamen Bundesausschusses (G-BA) gekommen sind? Der Auffassung des Autors nach: Ja, absolut! Im entsprechenden Kapitel wurden die aktuellen Versuche, das zu erreichen, beschrieben. Es ist zu hoffen und zu wünschen, dass diese Versuche Erfolg haben!

Wenn nicht, dann ist das danach zu zeichnende Bild ein düsteres. Bereits jetzt befindet sich die Gestalttherapie wie auch die humanistischen Verfahren im Gesamten im besten Falle am Rande des akademischen Lehrbetriebs. Die Studenten können froh sein, wenn sie im Rahmen einer klinischen Einführungs-Vorlesung überhaupt ein paar Krümel darüber vorgeworfen bekommen. Gibt es keine universitäre Anbindung, gibt es auch keine Forschung und ohne Forschung fehlen natürlich die notwendigen empirischen Wirkungsnachweise oder entsprechen nicht den vorgegebenen Standards. Private Forschungsprojekte, mit denen (universitäre) Einrichtungen beauftragt werden können, sind natürlich möglich, doch diese müssen finanziert werden und daran scheitert es meistens.

Wenn die Anerkennung abgelehnt wird, ist von einer Fortführung dieses Assimilierungsprozesses der Gestalttherapie auszugehen. Mehr und mehr werden ihre Perlen in den jeweiligen Schmuckkasten eines oder mehrerer Richtlinienverfahren landen. Nach einiger Zeit wird dann ein Gesetz seine Wirkung entfalten, das den meisten von uns bekannt ist, und dem wir alle unterliegen: die normative Kraft des Faktischen. M. a. W. es wird so sein, als ob diese Perlen »immer schon« im jeweiligen Schmuckkasten lagen. Die Gestalttherapie wird, so die Befürchtung weiterhin, noch mehr ins Abseits gedrängt, an den Rand der »psychotherapieähnlichen Maßnahmen«. Wenn sie ausgeübt wird, dann wird der Therapeut jedoch den gestalttherapeutischen Interventionen ein anderes Gewand geben müssen, damit die Kassen die Kosten übernehmen.

Wenn es aktuell um die Gestalttherapie so bestellt ist, ist es dann sinnvoll, auf Ursachenforschung zu gehen? Würde es ihr helfen oder wäre das lediglich »mindfucking«? Ein Anhaltspunkt, der es sinnvoll erscheinen lässt, sich tatsächlich mit den Ursachen zu beschäftigen, findet sich in einem Interview von Lore Perls, ursprünglich aus dem Jahre 1982 (Kudirka 2005). Es trägt den Titel »Der Therapeut ist ein Künstler« und beschäftigt sich u. a. mit dem Verhältnis der rechten, d. h. der kreativen, zur linken, d. h. der analytisch-technischen Gehirnhälfte in der Gestalttherapie – verstanden als Metapher. Ein Umstand, der wohl dazu geführt hat, dass es aktuell so um die Gestalttherapie bestellt ist wie eben dargestellt, liegt sicher darin, dass es ein Ungleichgewicht zwischen diesen beiden Gehirnhälften in der Gestalttherapie gibt: Zu sehr (zu lang?) wurde die rechte betont, während der Gemeinsame Bundesausschuss primär Ergebnisse i. S. der linken Gehirnhälfte erwartet. Interessant ist das Interview auch deswegen, weil daraus deutlich wird, dass diese Diskrepanz ein »altes« Problem der Gestalttherapie darstellt, an dem Fritz Perls selbst wohl nicht ganz unschuldig gewesen sein muss:

> »Kudirka: Der Expressionismus ist in der Kunst auch heute wieder im Kommen, aber nach meinem Gefühl ist das nicht besonders positiv zu bewerten. Die expressive Kunst unterliegt – ebenso wie die Gestalttherapie – der Gefahr, in rein impulsive Gesten zu zerfallen, die nicht durch Form oder Denken zusammengehalten werden. Sie kann zu einem bloßen pubertären Wutanfall werden.
> L. Perls: Ich würde sagen, das ist dann der Fall, wenn die rechte Gehirnhälfte tätig wird, ohne mit der linken verbunden zu sein. Genau das ist auch mit der Gestalttherapie geschehen, und dafür ist in großem Maße Fritz verantwortlich. Er hat vieles von sich selbst aufgegeben. Er ließ sich von dem an der Westküste herrschenden, so genannten liberalen Humanismus verführen, der nichts anderes ist als ein Laisser-faire-Stil, in dem eigentlich alles erlaubt ist. Vielleicht fühlte er sich von einer gewissen intellektuellen Strenge befreit, die er bei Paul Goodman oder bei mir spürte. Ich glaube, dass die Westküste sich langsam davon erholt. Dort hatten viele Leute den theoretischen Teil von Gestalt Therapy …, den ich für den wichtigeren halte, niemals gelesen. Den Praxisteil …, kann man getrost überspringen; denn das, was dort beschrieben wird, können wir heute auf eine erheblich weiterentwickelte Weise machen – nicht nur wir, jeder macht das …«

Dieses Interview lässt vermuten, dass die Gestalttherapie seit ihrer Entstehung stets in Gefahr war, die Balance zwischen rechter und linker Gehirnhälfte zu verlieren. Vermutlich durch ihre kreative Dynamik war sie wohl stets eher »rechtslastig« – um bei der Metapher zu bleiben. Das Kreative, Spontane, aus dem Moment heraus Geborene war ihr (und ihrem Vater) vielleicht stets näher, mit dem Ergebnis, dass das Analytische, Technische, Konkrete, Ordnende, Strukturierende (weil zu langweilig?) vernachlässigt wurde. In der damaligen Zeit machte genau das vielleicht ihren besonderen Reiz aus. Weg vom lerntheoretischen Paradigma, mit seiner nicht lebendigen Stimulus-Reaktions-Kette, weg vom psychoanalytischen Paradigma, mit seiner nicht lebendigen Suche nach unterbewussten Konflikten in der Vergangenheit des Patienten, hin zur Lebendigkeit des aktuellen Moments! Heute hingegen könnte genau das ihr Verhängnis werden.

Staemmler (2009) schreibt im Geleitwort seines Buches »Was ist eigentlich Gestalttherapie?«, dass sie seit ihren Anfängen den Ruf genoss, »das lebendigste aber auch ungehorsamste Kind in der Familie der Therapieschulen zu sein« (S. 7). Sie habe sich jedoch, so der Autor weiter, von diesem Ruf mittlerweile distanziert und sich weiterentwickelt – hoffentlich ist das wirklich so. Hoffentlich wird der Wunsch Perls' wahr, dass die Gestalttherapie nicht nur bei Menschen mit psychischen Störungen als Therapiemaßnahme eingesetzt werden soll, sondern auch bei klinisch unauffälligen Menschen, die jedoch den starken Wunsch in sich verspüren, sich von ihren Konditionierungen zu lösen und Schritt für Schritt innerlich zu wachsen.

Mich persönlich beschleicht – nach der Fertigstellung dieses Buches – ein bittersüßes Gefühl: Einerseits habe ich den Eindruck, jetzt erst könnte ich dieses Buch »richtig« schreiben. Ich fühle mich bereiter als am Anfang. Andererseits habe ich mich in dieser Zeit wieder neu in die Gestalttherapie verliebt: Was für eine wunderbare Methode, Menschen in psychischen Schwierigkeiten zu helfen! Was für eine wunderbare Haltung, um damit durch das Leben zu gehen! Und wie schade wäre es, wenn es sie nicht mehr gäbe.

10 Institutionelle Verankerung sowie Infos zu Aus-, Fort- und Weiterbildung

In Deutschland ist die berufsübergreifende Fachgesellschaft (der Dachverband) die Deutsche Vereinigung für Gestalttherapie e. V. (DVG; www.dvg-gestalt.de). Der Deutsche Dachverband Gestalttherapie für approbierte Psychotherapeuten e. V. (DDGAP; www.ddgap.de) beheimatet die Gestalttherapeuten mit Approbation (in einem wissenschaftlich anerkannten Verfahren). Der europäische Dachverband für Gestalttherapie ist der EAGT (European Association for Gestalt Therapy; www.eagt.org).

Jedes Institut regelt seine Zugangsvoraussetzungen und die Ausbildung in entsprechenden Curricula eigenständig. Der grobe Aufbau überschneidet sich dabei meistens und umfasst:

- Selbsterfahrung,
- Theorieseminare,
- den Nachweis praktischer Tätigkeit,
- eine Abschlussprüfung (i. d. R. anerkannte, verschriftlichte Falldokumentationen, ggf. mit Audio- und/oder Video-Aufzeichnungen).

Neben Psychologen finden sich unter den Ausbildungsteilnehmern Vertreter zahlreicher verwandter Berufe (bspw. Pädagogen, Sozialpädagogen, Pflegekräfte).

Der erfolgreiche Abschluss der Ausbildung wird durch ein Zertifikat bestätigt. Eine deutschlandweite Übersicht von Ausbildungsinstituten findet sich auf der Homepage der DVG.

10 Institutionelle Verankerung sowie Infos zu Aus-, Fort- und Weiterbildung

Ausgewählte Publikationsorgane

Ausgewählte deutsche Publikationsorgane für Gestalttherapie (ohne Anspruch auf Vollständigkeit) sind:

- *Gestalt und Integration* – Zeitschrift des SVG, Schweizer Verein für Gestalttherapie und Integrative Therapie; www.gestalttherapie.ch
- *Gestalt-Zeitung* – Gestalt-Institut Frankfurt (GIF); www.gestalt-institut-frankfurt.de/dienste/gestalt-zeitung-2015/
- *Gestalt! The Online Journal for Gestalt Therapy* – www.g-gej.org/
- *Gestaltkritik. Die Zeitschrift für Gestalttherapie* – Gestalt-Institut Köln, GIK – Bildungswerkstatt; www.gestalt.de/gestaltkritik.html
- *Gestalttherapie. Forum für Gestaltperspektiven* – Deutsche Vereinigung für Gestalttherapie (DVG); http://www.zeitschrift-gestalttherapie.de/
- *Integrative Therapie* – Zeitschrift für vergleichende Psychotherapie und Methodenintegration; http://www.krammerbuch.at/journals/integrative.php
- *Profile* – Internationale Zeitschrift für Lernen, Veränderung, Dialog; http://www.ehp.biz/zeitschriften/profile.php
- *Zeitschrift für Gestaltpädagogik* – Organ der Gestaltpädagogischen Vereinigung (GPV) e. V.; http://www.gestaltpaed.de/

Literatur

Abram A (2013) Gestalttherapie. Paderborn: Junfermann.
American Psychiatric Association (APA) (2015) Diagnostisches und statistisches Manual psychischer Störungen. Dt. Bearbeitung und Einführung von Peter Falkai und Hans-Ulrich Wittchen. Göttingen: Hogrefe.
Anger H, Schön T (2012) Gestalttherapie mit Kindern und Jugendlichen. Bergisch Gladbach: Edition Humanistische Psychologie.
Arbeitskreis OPD (2014) OPD-2 – Operationalisierte Psychodynamische Diagnostik: Das Manual für Diagnostik und Therapieplanung. Bern: Huber.
Bandler R, Grinder J (2009) Kommunikation und Veränderung: Die Struktur der Magie II. Paderborn: Junfermann.
Bandler R, Grinder J (2010) Metasprache und Psychotherapie: Die Struktur der Magie I. Paderborn: Junfermann.
Bauling I, Baulig V (2002) Praxis der Kindergestalttherapie. Bergisch Gladbach: Edition Humanistische Psychotherapie.
Beaumont H (1988) Ein Beitrag zur Gestalttherapietheorie und zur Behandlung schizoider Prozesse. Gestalttherapie 2:16-26.
Beaumont H (1999) Selbstorganisation und Dialog. In: Wheeler G, Backman S (Hrsg.) Gestalttherapie mit Paaren. Köln: Peter Hammer Verlag. S. 91-112.
Beisser A (1998) Gestalttherapie und das Paradox der Veränderung. Gestaltkritik 1 (o. S.).
Beisser AR (1997) Wozu brauche ich Flügel? – Ein Gestalttherapeut betrachtet sein Leben als Gelähmter. Wuppertal: Peter Hammer Verlag.
Bender W, Stadler C (2011) Psychodrama-Therapie. Grundlagen, Methodik und Anwendungsgebiete. Stuttgart: Schattauer.
Bergmann J (2014) Über die Wirksamkeit Humanistischer Psychotherapie. In: Hartmann-Kottek L (Hrsg.) Gestalttherapie. Faszination und Wirksamkeit. Eine Bestandsaufnahme. Gießen: Psychosozial-Verlag. S. 325-348.
Berne E (2006) Die Transaktionsanalyse in der Psychotherapie. Eine systematische Individual- und Sozial-Psychiatrie. Paderborn: Junfermann.
Bernstädt J, Hahn S (2010) Gestalttherapie mit Gruppen. Bergisch Gladbach: EHP – Verlag Andreas Kohlhage.

Besems T, van Vugt G (1996) Gestalttherapie mit psychotisch gestörten Menschen: Ausgangspunkte, Diagnose, Therapie. In: Hutterer-Krisch R (Hrsg.) Psychotherapie mit psychotischen Menschen. Wien: Springer. S. 581-613.

Blankertz S (2003) Wer war Paul Goodman? Gestaltkritik, 2 (o. S.).

Blankertz S (2004) Gestalttherapeutische Diagnostik in Beratung, Therapie und Coaching mit dem neuen »Gestalttypen-Indikator« (GTI). Gestaltkritik 13 (o. S.).

Blankertz S, Doubrawa E (2005) Lexikon der Gestalttherapie. Wuppertal: Peter Hammer Verlag.

Blankertz S, Doubrawa E (2006) Fritz Perls, Laura Perls, Paul Goodman: Die Begründer der Gestalttherapie. Gestaltkritik 2 (o. S.).

Bloomberg I (1988) Körperarbeit in der Gestalttherapie. Gestalttherapie 1:45-56.

Buber M (1965) Nachlese. Heidelberg: Lambert Schneider.

Buber M (1984) Das dialogische Prinzip. Heidelberg: Lambert.

Bürmann J, Bürmann I, Kienzl U (2015) Gestaltpädagogik im transnationalen Studium: Persönlichkeitsentwicklung als Aspekt pädagogischer Professionalisierung. Bergisch Gladbach: EHP – Verlag Andreas Kohlhage.

Burow O-A (1993) Gestaltpädagogik. Trainingskonzepte und Wirkungen. Paderborn: Junfermann.

Burow O-A, Hinz H (2005) Die Organisation als Kreatives Feld: Evolutionäre Personal- und Organisationsentwicklung. Kassel: University Press.

Butollo W, Hagl M (2003) Trauma, Selbst und Therapie. Bern: Huber.

Butollo W, Karl R (2014) Dialogische Traumatherapie: Manual zur Behandlung der Posttraumatischen Belastungsstörung. Stuttgart: Klett-Cotta.

Carroll F (2006) Gestaltkörperpsychotherapie und das rätselhafte Wesen »Tween«. In: Marlock G, Weiss H (Hrsg.) Handbuch der Körperpsychotherapie. Stuttgart: Schattauer. S. 803-810.

Chu V (2008) Familienstellen in der Gestalttherapie. In: Hartmann-Kottek L (Hrsg.) Gestalttherapie. Heidelberg: Springer. S. 343-354.

Cöllen M (1997) Paartherapie und Paarsynthese – Lernmodell Liebe. Wien: Springer.

Cöllen M (2008) Paartherapie und Paarsynthese in der Gestalttherapie. In: Hartmann-Kottek L (Hrsg.) Gestalttherapie. Heidelberg: Springer. S. 320-338.

Damasio AR (2004) Descartes´ Irrtum: Fühlen, Denken und das menschliche Gehirn. Berlin: List.

Delisle G (1991) A Gestalt Perspective of Personality Disorders. British Gestalt Journal 1: 42-50.

Doubrawa A, Blankertz S (2010) Einladung zur Gestalttherapie. Eine Einführung mit Beispielen. Wuppertal: Peter Hammer Verlag (ungekürzte Taschenbuch-Sonderausgabe).

Doubrawa A, Doubrawa E (2003) Erzählte Geschichte der Gestalttherapie. Wuppertal: Peter Hammer Verlag.

Doubrawa A, Doubrawa E (2005) Meine Wildnis ist die Seele des Anderen. Der Weg zur Gestalttherapie. Wuppertal: Peter Hammer Verlag.

Downing G (1996) Körper und Wort in der Psychotherapie. Leitlinien für die Praxis. München: Kösel.

Dreitzel HP (2004) Gestalt und Prozess. Eine psychotherapeutische Diagnostik oder: Der gesunde Mensch hat wenig Charakter. Reflexive Sinnlichkeit II. Bergisch Gladbach: Edition Humanistische Psychologie.

Elliott R (1999a) Prozeß-Erlebnisorientierte Psychotherapie – Ein Überblick: Teil 1. Psychotherapeut 44: 203-213.

Elliott R (1999b) Prozeß-Erlebnisorientierte Psychotherapie – Ein Überblick: Teil 2. Psychotherapeut 44: 340-349.

Elliott R, Greenberg LS, Watson JC, Timulak L, Freire E (2013) Research on humanistic-experiential psychotherapies. In: Lambert MJ (Hrsg.) Bergin und Garfield's Handbook of Psychotherapy and Behaviour Change. New York: Wiley. S. 495-538.

Erismann T (1960) Die »Unumfänglichkeit der Gestaltauffassung« und ihr »scheinbares Umfangensein« durch die Assoziationspsychologie. In: Weinhandl F (Hrsg.) Gestalthaftes Sehen. Ergebnisse und Aufgaben der Morphologie. Zum Hundertjährigen Geburtstag von Christian von Ehrenfels. Darmstadt: Wissenschaftliche Buchgesellschaft. S. 132-144.

Feldenkrais M (1996) Bewusstheit durch Bewegung. Der aufrechte Gang. Frankfurt a.M.: Suhrkamp.

Frambach L, Thiel D (2015) Friedlaender/Mynona und die Gestalttherapie. Bergisch Gladbach: EHP – Verlag Andreas Kohlhage.

Frankl V (1959) Grundriss der Existenzanalyse und Logotherapie. München: Urban und Schwarzenberg.

Friedmann M (1987) Der heilende Dialog in der Psychotherapie. Bergisch Gladbach: EHP – Verlag Andreas Kohlhage.

Frohne-Hagemann I (1990) Musik und Gestalt. Klinische Musiktherapie als Integrative Psychotherapie. Paderborn: Junfermann.

Fuhr R (1999) Praxisprinzipien – Gestalttherapie als experientieller, existentieller und experimenteller Ansatz. In: Fuhr R, Sreckovic M, Gremmler-Fuhr M (Hrsg.) Handbuch der Gestalttherapie. Göttingen: Hogrefe. S. 417-437.

Gegenfurtner N, Fresser-Kuby R (2006) Emotionen im Fokus. Gestalttherapie im Dialog mit Leslie Greenberg. Bergisch Gladbach: EHP – Verlag Andreas Kohlhage.

Gemeinsamer Bundesausschuss (G-BA) (2013) Richtlinie des Gemeinsamen Bundesausschusses über die Durchführung von Psychotherapie (Psychotherapie-Richtlinie). Fassung vom 19. Februar 2009 veröffentlicht im Bundesanzeiger Nr. 58 (S. 1399) vom 17. April 2009 in Kraft getreten am 18. April 2009 zuletzt geändert am 18. April 2013 (www.g-ba.de). Veröffentlicht im Bundesanzeiger (BAnz AT 18.06.2013 B6) in Kraft getreten am 19. Juni 2013.

Gendlin ET (2012) Focusing: Selbsthilfe bei der Lösung persönlicher Probleme. Reinbek: Rowohlt.
Goldstein K (2014) Der Aufbau des Menschen. Einführung in die Biologie unter besonderer Berücksichtigung der Erfahrungen am kranken Menschen. Paderborn: Wilhelm Fink Verlag.
Goodman P (2003) Paul Goodman. Gedanken eines Steinzeitkonservativen. Interview mit dem Mitbegründer der Gestalttherapie. Gestaltkritik, 2 (o. S.).
Grawe K (2000) Psychologische Therapie. Göttingen: Hogrefe.
Greenberg LS (2002) Emotion-focused therapy: Coaching clients to work through feelings. Washington, D.C.: American Psychological Association Press.
Greenberg LS, Elliott R, Lietaer G (1994) Research on experiential psychotherapies. In: Bergin AE, Garfield SL (Hrsg.) Handbook of Psychotherapy and Behavior Change. New York: Wiley. S. 509-539.
Greenberg LS, Paivio SC (1997) Working with the emotions in psychotherapy. New York: Guilford Press.
Greenberg LS, Rice LN, Elliott R (2003) Emotionale Veränderungen fördern. Grundlagen einer prozess- und erlebnisorientierten Therapie. Paderborn: Junfermann.
Grillmeier-Rehder U, Jedliczka HM, Stemberger G (2009) Sind Gestalttherapeutische Psychotherapie und Integrative Gestalttherapie wirksam? Phänomenal. Zeitschrift für Gestalttheoretische Psychotherapie 1: 30-32.
Harris CO (1992) Gestalt work with psychotics. In: Nevis EC (Hrsg.) Gestalt therapy. Perspectives and applications. New York: Gardner Press. S. 239-261.
Hartmann-Kottek L (2011) Wissenschaftliche Neutralität in Psychotherapeutengesetz! Zeitschrift für Rechtspolitik 2: 55-57.
Hartmann-Kottek L (2012) Gestalttherapie. Berlin: Springer.
Hartmann-Kottek L (2014) Wissenschaftliche Ergänzungsdaten zur Gestalttherapie. In: Hartmann-Kottek L (Hrsg.) Gestalttherapie. Faszination und Wirksamkeit. Eine Bestandsaufnahme. Gießen: Psychosozial-Verlag. S. 349-351.
Hartmann-Kottek L (2014a) Gestalttherapie im Spiegel der Quantenphysik. In: Hartmann-Kottek L (Hrsg.) Gestalttherapie. Faszination und Wirksamkeit. Eine Bestandsaufnahme. Gießen: Psychosozial-Verlag. S. 71-101.
Hartmann-Kottek-Schroeder L (1983) Gestalttherapie. In: Raymond Corsini J (Hrsg.): Handbuch der Psychotherapie. Deutsche Bearbeitung: Gerd Wenninger. Weinheim und Basel: Beltz-Verlag. S. 281 – 320.
Heinzmann R (2004) Diagnostik. Gestalzeitung, S. 14-17.
Heinzmann R (2014) Störungen haben Vorrang – oder: Wie viel Störung braucht der Mensch? Gestalt-Zeitung 27: 4-11.
Henle M (2005) Gestaltpsychologie und Gestalttherapie. Gestalttherapie 19: 8-19.
Herrmann I, Auszra L (2009) Emotionsfokussierte Therapie der Depression. Psychotherapie 14: 15-25.
Höll K (2004) Diagnostik in der Gestalttherapie. Vergangenheit, Gegenwart, Zukunft. Gestalttherapie 1: 49-64.

Hutterer-Krisch R (1999) Zum Stellenwert der Diagnostik in der Integrativen Gestalttherapie. Grundlegende und ausgewählte Aspekte. In: Hutterer-Krisch R, Luif I, Baumgartner G (Hrsg.) Neue Entwicklungen in der Integrativen Gestalttherapie. Wien: Facultas.

Hutterer-Krisch R, Amendt-Lyon N (2004) Gestaltdiagnostik – Gestalttradition und grundlegende diagnostische Modelle und Konzepte. In: Hochgehen M, Hoffmann-Wildhalm H, Nausner L, Wildberger E (Hrsg.) Gestalttherapie. Wien: Facultas Verlags- und Buchhandels AG. S. 153-175.

Hycner R (1989) Zwischen Menschen. Köln: Edition Humanistische Psychologie.

Kanfer FH, Reinecker H, Schmelzer D (2012) Selbstmanagement-Therapie. Ein Lehrbuch für die klinische Praxis. Berlin: Springer.

Kepner JI (2005) Körperprozesse. Ein gestalttherapeutischer Ansatz. Bergisch Gladbach: EHP – Verlag Andreas Kohlhage.

Kiene H, Hamre HJ, Kienle GS (2004) Der Beitrag der Gestalttheorie zur Methodik der Therapieevaluation. Evidence-based Medicine und Cognition-based Medicine. Gestalt Theory 26: 252-264.

Knapp T (2005) Ralph F. Hefferline (1910- 1974.). Der unbekannte Gestalttherapeut. Gestaltkritik 2 (o. S.).

Kriz J (2014) Grundkonzepte der Psychotherapie. Weinheim: Beltz.

Kriz J (2014a) Fragen der Diagnostik aus Sicht der Humanistischen Psychotherapie. Gestalt Zeitung 27: 13-17.

Kriz J (2014b) Sinn und Unsinn von Richtlinientherapie. Grundlagen der Humanistischen Psychotherapie. Gestalt Zeitung 27: 54-58.

Kriz J (2014c) Vermessene »Wissenschaftlichkeit« von Psychotherapie in Deutschland. In: Hartmann-Kottek L (Hrsg.) Gestalttherapie – Faszination und Wirksamkeit. Eine Bestandsaufnahme. Gießen: Psychosozial-Verlag.

Kudirka N (2005) Lore Perls Interview: Der Therapeut ist ein Künstler. Gestaltkritik 1 (o. S.).

Lambert MJ (2013) Bergin and Garfield's Handbook of Psychotherapy and Behaviour Change. New York: Wiley Press.

Längle A, Holzhey-Kunz A (2008) Existenzanalyse und Daseinsanalyse. Wien: Facultas.

Lazarus AA (2005) Multimodale Therapieplanung (BASIC-ID). In: Linden M, Hautzinger M (Hrsg.) Verhaltenstherapiemanual. Berlin: Springer. S. 45-49.

Leitner A (2011) Handbuch der Integrativen Therapie. Wien: Springer.

Lewin K (1940) Formalisierung und Fortschritt in der Psychologie. In: Graumann CF (Hrsg.) (1982). Feldtheorie. Kurt-Lewin-Werke, Bd. 4. Stuttgart: Klett-Cotta. S. 41-72.

Lewin K (1963) Die Feldtheorie in den Sozialwissenschaften. Ausgewählte theoretische Schriften. Bern: Huber.

Lewin K (1969) Grundzüge der topologischen Psychologie. Bern: Huber.

Lewin K (1982) Feldtheorie. Kurt-Lewin-Werkausgabe Bd. 4. Bern: Huber/Stuttgart bei Klett-Cotta.

Looss W (2006) Unter vier Augen: Coaching für Manager. Bergisch Gladbach: EHP – Verlag Andreas Kohlhage.
Looss W (2008) Gestalttherapie in der Organisationsberatung. In: Hartmann-Kottek L (Hrsg.) Gestalttherapie. Heidelberg: Springer. S. 385-394.
Maragkos M (2010) Worauf es ankommt: Integrative Traumatherapie. Psychotherapie 15: 298-307.
Maragkos M (2013) Multiple Ichs – Nur ein psychologisches Konzept oder ein existentielles Thema des Menschen? Psychotherapie 18: 1-11.
Marcus E (1979) Gestalttherapie. Hamburg: Isko Press.
Marlock G, Weiss, H (2006) Handbuch der Körperpsychotherapie. Stuttgart: Schattauer.
McCullough JP (2012) Therapeutische Beziehung und die Behandlung chronischer Depressionen. Heidelberg: Springer.
Melnick J, Nevis S (1992) Diagnosis. The Struggle for a Meaningful Paradigm. In: Nevis E (Hrsg.) Gestalt Therapy. Perspectives and Applications. New York: Gestalt Institute of Cleveland Press. S. 57-78.
Melnick J, Nevis S (1997) Diagnosing in the Here an Now: The Experience Cycle and DSM-IV. British Gestalt Journal 6: 97-106.
Metzger W (1963) Zur Geschichte der Gestalttheorie in Deutschland. In: Stadler M, Crabus H (Hrsg.) Gestalt-Psychologie. Ausgewählte Werke aus den Jahren 1950 bis 1982. Frankfurt a.M.: Kramer.
Metzger W (1976) Ganzheit – Gestalt – Struktur. In: Arnold W, Eysenck H.-J., Meili R (Hrsg.) Lexikon der Psychologie. Freiburg: Herder. S. 675-682.
Metzger W (2007) Gesetze des Sehens. Frankfurt a.M.: Kramer.
Moreno JL (1959) Gruppenpsychotherapie und Psychodrama. Einleitung in die Theorie und Praxis. Stuttgart: Thieme.
Müller B (1996) Isadore From's contribution to gestalt therapy. The Gestalt Journal 19: 57-81.
Müller B (1999) Ein kategoriales Modell gestalttherapeutischer Diagnostik. In: Fuhr R, Sreckovic M, Gremmler-Fuhr M (Hrsg.) Handbuch der Gestalttherapie. Göttingen: Hogrefe. S. 647-671.
Naranjo C (1970) Present Centeredness. In: Fagan J, Shepherd IL (Hrsg.) Gestalt therapy now. New York: ScienceBehavior Books. S. 47-69.
Naranjo C (1996) Gestalt: Präsenz – Gewahrsein – Verantwortung: Grundhaltung und Praxis einer lebendigen Therapie. Freiamt: Arbor Verlag.
Nausner L (2004) Anthropologische Grundlagen der Integrativen Gestalttherapie. In: Hochgerner M, Hoffmann-Wildhalm H, Nausner L, Wildberger E (Hrsg.) Gestalttherapie. Wien: Facultas Verlags- und Buchhandels AG. S. 37-52.
Nevis EC (1988) Organisationsberatung. Ein gestalttherapeutischer Ansatz. Bergisch Gladbach: EHP – Verlag Andreas Kohlhage.
Oaklander V (2013) Gestalttherapie mit Kindern und Jugendlichen. Stuttgart: Klett-Cotta.
Perls FS (1946) Ego, Hunger and Aggression. London: Allen und Unwin Ltd.

Perls FS (1969) Gestalt Therapy Verbatim. An action approach to deepening awareness and living fully in the Here and Now, as experienced in workshops at Esalen Institute. Lafayette: Real People Press.

Perls FS (1976) Grundlagen der Gestalttherapie. München: Pfeiffer.

Perls FS (1981) Gestalt-Wahrnehmung. Verworfenes und Wiedergefundenes aus meiner Mülltonne. Frankfurt a.M.: Verlag für humanistische Psychologie.

Perls FS (1990) Gestalt – Wachstum – Integration. Aufsätze, Vorträge, Therapiesitzungen. Herausgegeben von Hilarion Petzold. Paderborn: Junfermann.

Perls FS (1991) Das Ich, der Hunger und die Aggression. Die Anfänge der Gestalttherapie. München: Deutscher Taschenbuch Verlag.

Perls FS (2013) Grundlagen der Gestalttherapie. Einführung und Sitzungsprotokolle. Stuttgart: Klett-Cotta.

Perls FS (2014) Gestalt-Therapie in Aktion. Stuttgart: Klett-Cotta.

Perls FS, Hefferline RF, Goodman P (1979) Gestalttherapie. Grundlagen. Stuttgart: Klett-Cotta.

Perls FS, Hefferline RF, Goodman P (2013) Gestalttherapie. Grundlagen der Lebensfreude und Persönlichkeitsentfaltung. Stuttgart: Klett-Cotta.

Perls L (1953) Notes on the Psychology of Give and Take. Complex. Reprinted in Pursglove, (1968). S. 118-128.

Perls L (1956) Two Instances of Gestalt Therapy. Case Reports in Clinical Psychology (1968), 3, 109-146. Reprinted in Pursglove (1968). S. 42-63.

Perls L (1988) Leben an der Grenze. Ein Gespräch mit Milan Sreckovic. Gestalttherapie 2: 5-11.

Perls L (2005) Meine Wildnis ist die Seele des Anderen. Der Weg zur Gestalttherapie. Köln: Hammer.

Perls L (2005a) Leben an der Grenze. Essays und Anmerkungen zur Gestalttherapie. Bergisch Gladbach: Edition Humanistische Psychologie.

Perls S (1999) Meine Eltern, die Gestalttherapeuten. Gedanken eines Sohnes. Gestaltkritik 1 (o. S.).

Petzold HG (1989) Die »vier Wege der Heilung« in der Integrativen Therapie. Teil II: Praxeologische Grundkonzepte, dargestellt an Beispielen aus der integrativen Bewegungstherapie. Integrative Therapie 15: 42-96.

Petzold HG (1993) Integrative fokale Kurzzeittherapie und Vokaldiagnostik. Prinzipien, Methoden, Techniken. In: Petzold HP, Sieger J (Hrsg.) Integration und Kreation, Bd. 1. Paderborn: Junfermann. S. 267-340.

Petzold HG (2003) Integrative Therapie. Modelle, Theorien und Methoden einer schulenübergreifenden Psychotherapie. Paderborn: Junfermann.

Petzold HG, Brown GI (1977) Gestaltpädagogik. München: Pfeiffer.

Polster E (1995) A Population of Selves. San Francisco: Jossey-Bass.

Polster E, Polster M (2002) Das Herz der Gestalttherapie. Beiträge aus vier Jahrzehnten. Wuppertal: Peter Hammer Verlag.

Polster E, Polster M (2002a) Gestalttherapie. Therapie ohne Widerstand. Gestaltkritik 1 (o. S.).

Polster E, Polster M (2003) Gestalttherapie. Theorie und Praxis der integrativen Gestalttherapie. Wuppertal: Peter Hammer Verlag.
Rogers CR (2012) Die klientenzentrierte Gesprächspsychotherapie. Client-Centered Therapy. Frankfurt a.M.: Fischer.
Rosner R, Henkel C (2010) Die Gestalttherapie in der Psychotraumatologie. Charakteristika und Wirksamkeit gestalttherapeutischer Interventionen bei Posttraumatischen Belastungsstörungen. Trauma und Gewalt 4: 2-11.
Rumpler P (2004) Soziokulturelle und biographische Voraussetzungen bei der Theoriebildung von Gestalttherapie durch Fritz und Lore Perls. In: Hochgehen M, Hoffmann-Wildhalm H, Nausner L, Wildberger E (Hrsg.) Gestalttherapie. Wien: Facultas Verlags- und Buchhandels AG. S. 77-97.
Satir V, Banmen J, Gerber J, Gomori M (2000) Das Satir-Modell. Paderborn: Junfermann.
Schmidt-Lellek CJ (2004) Gestalttherapie als dialogisches Verfahren. In: Hochgehen M, Hoffmann-Wildhalm H, Nausner L, Wildberger E (Hrsg.) Gestalttherapie. Wien: Facultas Verlags- und Buchhandels AG. S. 53-76.
Schmucker M, Köster R (2015) Praxishandbuch IRRT: Imagery Rescripting und Reprocessing Therapy bei Traumafolgestörungen, Angst, Depression und Trauer. München: Pfeiffer.
Schneider K (1990) Grenzerlebnisse: Zur Praxis der Gestalttherapie. Köln: Edition Humanistische Psychologie.
Smith EWL (1997) The growing edge of gestalt therapy. Highland: The Gestalt Journal Press.
Smuts JC (1926) Holism and Evolution. London: Macmillan.
Soff M, Ruh, M, Zabransky, D (2004) Gestalttheorie und Feldtheorie. In: Hochgehen M, Hoffmann-Wildhalm H, Nausner L, Wildberger E (Hrsg.) Gestalttherapie. Wien: Facultas Verlags- und Buchhandels AG. S. 13-36.
Sreckovic M (1999) Geschichte und Entwicklung der Gestalttherapie. In: Fuhr R, Sreckovic M, Gremmler-Fuhr M (Hrsg.) Handbuch der Gestalttherapie. Göttingen: Hogrefe. S. 15-178.
Staemmler FM (1989) »Etiketten sind für Flaschen, nicht für Menschen« – Anmerkungen zur Diagnostik-Diskussion in der Gestalttherapie. Gestalttherapie 1: 71-77.
Staemmler FM (1993) Therapeutische Beziehung und Diagnose. Gestalttherapeutische Antworten. München: Pfeiffer.
Staemmler FM (1995) Der leere Stuhl. München: Pfeiffer.
Staemmler FM (1999) Verstehen und Verändern – Dialogisch-prozessuale Diagnostik. In: Fuhr R, Sreckovic M, Gremmler-Fuhr M (Hrsg.) Handbuch der Gestalttherapie. Göttingen: Hogrefe. S. 673-687.
Staemmler FM (1999a) Gestalttherapeutische Methoden und Techniken. In: Fuhr R, Sreckovic M, Gremmler-Fuhr M (Hrsg.) Handbuch der Gestalttherapie. Göttingen: Hogrefe. S. 439-460.

Staemmler FM (2009) Was ist eigentlich Gestalttherapie? Eine Einführung für Neugierige. Bergisch Gladbach: EHP – Verlag Andreas Kohlhage.
Staemmler FM (2014) Prozess und Diagnose. Gestalt Zeitung 27: 37-42.
Staemmler FM (2015) Das dialogische Selbst: Postmodernes Menschenbild und psychotherapeutische Praxis. Stuttgart: Schattauer.
Staemmler FM, Bock W (2004) Ganzheitliche Veränderung in der Gestalttherapie. Wuppertal: Peter Hammer Verlag.
Steffan A (2002) Integrative Therapie in der Praxis. Ergebnisse einer Psychotherapie-Evaluation im ambulanten Setting. Berlin: Logos-Verlag.
Stoehr T (1994) Here Now Next: Paul Goodman and the Origins of Gestalt Therapy. San Francisco: Jossey-Bass Inc.
Strauß B, Hautzinger M, Freyberger H, Eckert J, Richter R (2010) Wie wissenschaftlich fundiert sind Entscheidungen des Gemeinsamen Bundesausschusses zur Psychotherapie? Psychotherapeuten-Journal 9: 160-168.
Strümpfel U (1991) Forschungsergebnisse zur Gestalttherapie. DVG e. V.
Strümpfel U (1992) Wie wissenschaftlich ist die Gestalttherapie? Gestalttherapie, Sonderheft Forschung: 62-83.
Strümpfel U (2003) Wie ist der heutige Forschungsstand zur Gestalttherapie? Übersicht: Befunde der Therapieprozess- und Evaluationsforschung. Gestalttherapie 17: 48-68.
Strümpfel U (2004a) Research on gestalt therapy. International Gestalt Journal 27: 9-54.
Strümpfel U (2004b) Forschungsstand der Gestalttherapie. In: Hartmann-Kottek L (Hrsg.) Gestalttherapie. Berlin: Springer. S. 325-366.
Strümpfel U (2005) Wissenschaftliche Arbeiten zur Gestalttherapie zum Nachweis der Wirksamkeit und Wirtschaftlichkeit. In: Bongers D, Schulthess P, Strümpfel U, Leuenberger A (Hrsg.) Gestalttherapie und Integrative Therapie. Eine Einführung. Bergisch Gladbach: EHP – Verlag Andreas Kohlhage. S. 66-122.
Strümpfel U (2006) Therapie der Gefühle. Forschungsbefunde zur Gestalttherapie. Bergisch Gladbach: EHP – Verlag Andreas Kohlhage.
Swanson C, Lichtenberg P (1998) Diagnosis in Gestalt therapy: A modest beginning. Gestalt Journal 21: 5-17.
Traverso G (2011) Existenzielle Gedanken über den Gestalt-Zyklus der Erfahrung. Funktionaler Zyklus versus interpersonaler Zyklus. Gestalttherapie 1: 93-104.
Uexküll von Th, Wesiack W (1988) Theorie der Humanmedizin, Grundlagen ärztlichen Denkens und Handelns: Monheim: Urban & Schwarzenberg.
von Ameln F, Kramer J (2014) Psychodrama: Grundlagen. Berlin: Springer.
von Bialy J, Volk-von Bialy H (1998) Siebenmal Perls auf einen Streich. Die klassische Gestalttherapie im Überblick. Paderborn: Junfermann.
von Ehrenfels C (1890) Über Gestaltqualitäten. Vierteljahrsschrift für wissenschaftliche Philosophie 13: 249-292.
Votsmeier A (1988) Gestalttherapie mit Borderline-Patienten. Gestalttherapie 2: 5-15.

Votsmeier A (1998) Stationäre Therapie der Borderline-Störung – Ein integratives Behandlungsmodell. Psychotherapieforum 4: 9-12.
Votsmeier-Röhr A (2014) Gestalttherapie und Schematherapie. In: Hartmann-Kottek L (Hrsg.) Gestalttherapie. Faszination und Wirksamkeit. Eine Bestandsaufnahme. Gießen: Psychosozial-Verlag. S. 265-277.
Votsmeier-Röhr, A (2006): Dialogische Gestalttherapie als eine Variante Prozess-Erfahrungsorientierter Psychotherapie. In: Gegenfurtner N, Fresser-Kuby R (Hrsg.) Emotionen im Fokus. Gestalttherapeuten im Dialog mit Leslie Greenberg. Bergisch Gladbach: EHP – Verlag Andreas Kohlhage. S. 158-174.
Walter HJ (1994) Gestalttheorie und Psychotherapie. Ein Beitrag zur theoretischen Begründung der integrativen Anwendung von Gestalt-Therapie, Psychodrama, Gesprächstherapie, Tiefenpsychologie, Verhaltenstherapie und Gruppendynamik. Wiesbaden: Opladen.
Weibel MJ, Jacob-Krieger C (2009) Integrative Bewegungstherapie. Störungsspezifische und ressourcenorientierte Praxis. Stuttgart: Schattauer.
Weltgesundheitsorganisation (WHO) (2000) Internationale Klassifikation psychischer Störungen. ICD-10 Kapitel V (F) Diagnostische Kriterien für Forschung und Praxis. Hrsg. von Dilling H, Mombour W, Schmidt MH, Schulte-Markwort E. Bern: Huber.
Wheeler G (1993) Kontakt und Widerstand. Ein neuer Zugang zur Gestalttherapie. Köln: Edition Humanistische Psychologie.
Wheeler G, Backman S (1999) Gestalttherapie mit Paaren. Köln: Peter Hammer Verlag.
Yalom ID (2010) Existentielle Psychotherapie. Bergisch-Gladbach: Edition Humanistische Psychotherapie.
Yontef G (1983) Gestalttherapie als dialogische Methode. Integrative Therapie 9: 98-130.
Yontef G (1987) Gestalt Therapy 1986. A Polemic. The Gestalt Journal 10: 41-68.
Yontef G (1988) Assimilating Diagnostic and Psychoanalytic Perspectives into Gestalt Therapy. The Gestalt Journal 11: 5-32.
Yontef G (1999) Awareness, Dialog, Prozess: Wege zu einer relationalen Gestalttherapie. Köln: Edition Humanistische Psychologie.
Yontef GM (1993) Awareness, Dialogue and Process. Essays on Gestalt Therapy. Highland, New York: Gestalt Journal Press.
Young JE, Klosko JS, Weishaar ME (2008) Schematherapie. Ein praxisorientiertes Handbuch. Paderborn: Junfermann.
Zeigarnik B (1927) Das Behalten erledigter und unerledigter Handlungen. Psychologische Forschung 9: 1-85.
Zinker J (1997) Auf der Suche nach gelingender Partnerschaft. Paderborn: Junfermann.
Zinker J (2005) Gestalttherapie als kreativer Prozess. Paderborn: Junfermann.

Stichwortverzeichnis

A

Aboutism 51, 102
Abwehrmechanismen 76–77, 108, 142
Achtsamkeit 35, 50
ad-greddi 34, 64, 69
Aggression 20, 34–35, 38, 40, 43, 52, 64, 67, 74, 76, 169–170
Angst 47, 61, 76, 107, 110, 115, 142, 156, 171
Assimilation 52–53, 67–69
Aufmerksamkeit 10, 29, 39, 41, 50, 74, 108, 112
Awareness 14, 50–51, 53, 60–61, 65, 107–110, 129, 150, 170, 173

B

Bewusstsein 33, 50, 55
Bindungstheorie 144
Binnenraum 61

D

Deflektion 75–76, 78
Dialogische Haltung 26

E

Egotismus 75–77

Emotionsfokussierte Therapie 142, 154, 157, 167
Empathie 28–29, 32
Existentialismus 20, 24, 83
Existentielle Psychotherapie 141–142, 173
Externalisierung 121

F

Familien-Gestalttherapie 146–147
Familienstellen 146, 165
Familientherapie 140, 149
Feld 19, 28–29, 47–48, 50, 54–55, 63, 75, 91–92, 95, 147–148, 165
Figur 27, 41, 45–50, 52–54, 62–65, 114
Fixierung 76, 100
Forschung 151, 156, 159, 172–173

G

Ganzheit 22, 24, 29, 71, 91, 113, 148, 169
Gefühle 10, 14, 17, 52, 57, 60, 99–100, 108, 123, 128, 133, 172
Gegenübertragungsanalyse 96
Gestalt 13, 21–22, 29, 34–35, 38, 40, 43, 48, 63, 65, 68–69, 83, 87–88, 96–97, 105, 110, 127, 136,

139, 145, 150, 158, 160, 162–163, 165–173
Gestaltbildungsprozess 21, 48
Gestaltpsychologie 20–22, 45, 49, 167
Gestalttheorie 20–21, 28–29, 168–169, 171, 173
Gesundheit 43, 60, 62, 90–92, 120
Gewahrsein 9–10, 50, 65–66, 77, 93, 116, 127–128, 169
Gruppensetting 30, 146
Gruppentherapie 30, 146

H

Hier und Jetzt 14, 50–52, 122–123, 158
Hintergrund 19, 22, 27, 36, 38, 40, 45–50, 52, 54, 62–65, 68, 73, 81, 91, 100, 117, 135, 147, 149

I

Ich-Du-Beziehung 26, 33, 96
Ich-Es-Haltung 148
Identifikation 126, 128
Imagination 123
Integration 42, 55, 67–69, 93, 95–96, 102, 128, 143, 163, 170
Integrative Therapie 140–141, 154, 163, 170, 172–173
Interventionen 31, 57, 106–107, 114–115, 155–157, 160, 171
Introjekte 72, 114
Introjektion 72–74, 77–78

K

Konflikt 47, 116, 120, 135
Konfluenz 62, 69, 75, 77–78, 99

Kontakt 9–10, 12, 27, 33, 35–36, 38, 50–51, 53, 55–57, 60–64, 66–68, 71, 75–76, 79, 83, 87, 92, 95–96, 100, 102, 107, 110, 115, 121–123, 125, 129, 132, 136, 143–144, 148, 150, 153, 173
Kontaktaufnahme 65, 67, 94, 97
Kontaktstörungen 71
Kontaktunterbrechungsmechanismen 51, 60, 71, 76–78, 92, 99, 145
Kontaktvollzug 64–65, 79, 94
Kontaktzyklus 64, 70, 85, 89
Konzentrationstherapie 34

M

Mehr-Stuhl-Technik 118, 122
Metaanalyse 156
Metaanalysen 157

N

Nachkontakt 64–65, 67, 94–95, 105
Neurolinguistisches Programmieren 140

O

Organisationsberatung 146, 149, 169
Organismus 21, 23–24, 29, 47–48, 50, 53–56, 61, 63–64, 68, 73, 75, 79, 86, 92, 143, 148–149

P

Paarsynthese 146–147, 165
Paradoxe Theorie der Veränderung 108, 115
Phänomenologie 25, 33, 52, 145

Polaritäten 55, 87, 112
Posttraumatische Belastungsstörung 93
Präsenz 27, 99, 169
Projektion 73–74, 77–78, 99
Psychodrama 30, 35, 140–141, 148, 154, 164, 169, 172–173
Psychologie 10–11, 19, 21, 28–29, 36–38, 41–42, 54, 84, 86, 127, 152–153, 164, 166, 168–171, 173

R

Regression 103
Relationale Gestalttherapie 28
Ressourcen 86
Retroflektion 73–74, 77–78
Rollenspiel 111

S

Schematherapie 144–145, 159, 173
Schöpferische Indifferenz 32
Selbstaktualisierung 46, 52–53
Selbstorganisation 143, 164
Selbstregulation 23, 52–53, 55, 65, 91, 149, 153
Selbstwahrnehmung 28, 41

T

Topdog 82
Traumarbeit 136

U

Über-Ich 56, 82, 119
Underdog 82
Unfinished business 49

V

Verantwortung 14, 25–26, 80–81, 87, 139, 148, 169
Verfahren 19, 30, 35, 84, 86, 91, 100, 122, 140, 152, 154, 156–157, 159, 162, 171
Verhaltenstherapie 11, 17, 21, 51, 84–85, 96, 100–101, 135, 141, 144, 152, 159, 173
Verleugnung 109
Vollkontakt 65
Vordergrund 26, 46–48, 67, 121
Vorkontakt 63, 65, 67, 94–95, 105

W

Wachstum 11–12, 29, 52–53, 55, 64, 105, 125, 142, 158, 170
Wesen 19, 22, 28–29, 98, 153, 165
Widerstand 78–82, 100, 109, 126, 128, 170, 173

Z

Zwei-Stuhl-Technik 103, 118, 121–122
Zyklus 50, 63, 65, 92, 172

Biermann-Ratjen/
Eckert/Schwartz

**Gesprächs-
psychotherapie**

Verändern durch Verstehen

10., aktual. und erw. Auflage 2016
285 Seiten, 2 Abb., 6 Tab. Kart.
€ 36,-
ISBN 978-3-17-029413-4

Das Buch stellt die von C. Rogers entwickelte Gesprächspsychotherapie im Rahmen des Klientenzentrierten Konzepts dar. Viele ihrer Elemente haben Eingang in andere Therapiekonzepte gefunden, dort aber oft einen nicht unerheblichen Bedeutungswandel erfahren. Dazu gehören das positive Menschenbild, die Ressourcenorientierung oder die herausragende Bedeutung der therapeutischen Beziehung. In der 10. Auflage wird daher erneut besonderes Gewicht auf die Darstellung der ursprünglichen Konzeption der Gesprächspsychotherapie gelegt, die Konzentration auf die therapeutisch wirksame Beziehung, in der der Klient erlebt, dass er in seinem Sich-selbst-Erleben angenommen, empathisch verstanden und nicht bewertet wird.

Leseproben und weitere Informationen unter www.kohlhammer.de

W. Kohlhammer GmbH
70549 Stuttgart

Ullmann/Friedrichs-Dachale/
Bauer-Neustädter/
Linke-Stillger

Katathym Imaginative Psychotherapie (KIP)

2016. 192 Seiten, 7 Abb. Kart.
€ 29,–
ISBN 978-3-17-030519-9
Psychotherapie kompakt

Die Katathym Imaginative Psychotherapie (KIP) ist eine bewährte Methode der tiefenpsychologisch fundierten Psychotherapie, in der die Imagination eine zentrale Funktion hat. Sie kommt hier in einer spezifischen Form zum Tragen: dialogisch begleitet, nah am sinnlichen, körperlichen und affektiven Erleben, szenisch und symbolisch ausgestaltet. Die katathyme (affektvermittelte) Imagination ist in einen strukturierten therapeutischen Prozess eingebunden, der flexibel an unterschiedliche klinische Kontexte und Situationen angepasst werden kann.

Das Buch informiert über Anwendungen, Wirkungsweise und praktisches Vorgehen, veranschaulicht durch instruktive Fallbeispiele.

Leseproben und weitere Informationen unter www.kohlhammer.de

W. Kohlhammer GmbH
70549 Stuttgart

Rolf-Dieter Stieglitz/
Harald J. Freyberger (Hrsg.)

Diagnostik in der Psychotherapie

Ein Praxisleitfaden

*2016. 228 Seiten, 1 Abb.,
1 Fragebogen Kart. € 30,-
ISBN 978-3-17-028719-8
Psychotherapie kompakt*

Eine differenzierte Diagnostik sollte nicht nur zu Beginn einer Psychotherapie durchgeführt werden, sondern auch kontinuierlich im Verlauf, um den Erfolg der Behandlung zu evaluieren. Unter klinischen Praxisbedingungen wird eine Erfolgskontrolle jedoch eher zögerlich bis gar nicht durchgeführt.

Der vorliegende Band zeigt vielfältige Möglichkeiten einer therapiebegleitenden Diagnostik auf. Neben allgemeinen Grundlagen und den therapieschulenspezifischen Ansätzen liegt der Schwerpunkt des Buchs auf der Diagnostik bezogen auf die wichtigsten Störungsgruppen: u. a. affektive Störungen, Angststörungen, Persönlichkeitsstörungen.

Leseproben und weitere Informationen unter www.kohlhammer.de

W. Kohlhammer GmbH
70549 Stuttgart